今度こそ、あなたの恋愛がうまくいく
たった1つの方法

なぜ、彼女ばかりがハイスペ男子に選ばれるのか？

吉沢詩乃
Yoshizawa Shino

大和出版

はじめに

信じられないような現実がやってくる

本書を手に取ってくださってありがとうございます。

本書は世間でいうところの、「ハイスペ男子」と幸せになる方法を説いた本です。


あなたは、もしかしたらこんな思いで、この本を手に取られたのかもしれません。

「素敵な男性に愛されて幸せになりたいけど、いつもうまくいかなくて悲しい……」

「このまま1人で生きていくのは不安だし、安心できるパートナーがほしいけれど、自分に自信が持てなくて最初の一歩が踏み出せない」

「婚活が全然うまくいかない、年齢も年齢だしもう厳しいのかなと焦ってしまう」

「そんなつもりはないのに、だめんずと付き合ってしまう」

「バツイチで子持ちの私には、もう新しい出会いはないのかもしれない」

実は私には、あなたがこういった状況になっている理由が手に取るようにわかります。

さらには、どうしたらあなたの人生が理想通りの愛に満ちた毎日に激変するのか、ということも。

なぜ、そんなことが言えるのか――。

それは私が所長を務める「ハイスペ男子総合研究所」が、このような状況の女性たちを、これまで数多く幸せに導いてきたからです。

もしかしたらあなたは、ほんの少し「ハイスペ男子と付き合えたら人生が変わるかも」という気持ちを抱いているかもしれません。

それは、半分正解で半分不正解です。なぜなら、男性の力だけに頼って人生が変わることはありえないからです。

でも、理想の男性に愛されるようになるまでの過程で、あなたがこれからお伝えすることを行うことで、信じられないような現実がいとも簡単にやってきます。

本書に書いてあるノウハウを実践することで、まずはあなた自身に少しずつ変化が起こってきます。そして思ってもみないような形で未来が動き出し、素敵なパートナーに愛される豊かな人生に自動的に変わっていくのです。

本書では、そんな非常識で不思議なノウハウをお伝えしていきます。


ハイスペ男子総合研究所、略してハイスペ総研がはじまったのは、2年前に私が離婚を経験したことがきっかけです。

パートナーと価値観が合わず、さまざまなすれ違いから、これからの人生は別々に生きていくことを決めました。それをきっかけにパートナーシップについて深く考えるようになり、ある時、すべての原因は自分自身にあったのだと気づきました。


それまではずっと、「人を不幸にしないように気をつけなきゃ」「相手の感情を害さないように気をつけなきゃ」と、心のどこかでいつも気を張って忖度をしていました。それこそが、人間関係をうまくいかせる唯一の方法だとずっと思い込んでいたのです。

でも離婚をきっかけとして、徹底的に自分自身と向き合い、これからは自分に小さな嘘をつくことはやめて、心から望んでいる人生を思いっきり生きよう！　と決意しました。

一度きりの人生だからこそ、愛情も豊かさも安らぎも幸せも、たっぷり自分らしく体験していく生き方がしたい。

だからパートナーは、そんなふうに一緒に生きていけるエネルギーに満ちた男性がいいと思いました。

結果的に、それがいわゆる「ハイスペ男子」だったのです。

私の場合、仕事などを通して、彼らと知り合う機会に自然と恵まれていましたが、彼らは、生き方に嘘がないからこそいつも余裕があって優しく、人生を楽しむことや、成長していくことへの高いモチベーションを持っていました。

年収は1千万以上、中には若くして年収1億円を超えるような方も数多くいますが、「先義後利」の考え方を採用し、お金はあくまであとからついてくるものとも考えている。それが彼らだったのです。

また、彼ら自身も「自分を生きる」ということに対して真剣な分、パートナーを含む他人に対しても、その人の個性を尊重し、共に豊かに幸せになる道を考えられるキャパシティの大きさを持ち合わせていました。

彼らを改めて深く知るうちに、より多くのハイスペ男子の声を集めることで、私と同じようにパートナーシップに悩んでいる女性に役立つ「何か」ができるのではないかと思うようになりました。そして、そんな私の思いに賛同してくれる女性たちと出会い、ハイスペ総研はスタートしたわけです。

ハイスペ総研では、私の前職、リクルートで叩き上げられたリサーチ力なども駆使しながらハイスペ男子について研究していたのですが、進めていくうちに彼らの恋愛観、結婚観、お金への価値観に、ある面白い傾向があることに気づき、その研究結果をリポートとして発信しはじめました。

すると、それが評判を呼ぶようになり、さらにリサーチをもとに構築した「理想の男性と幸せになれる方法」をお伝えしたところ——。

現在では、アラフォー、アラフィフ、バツイチ、だめんず好き、年齢＝彼氏いない歴、バリキャリ、不倫・セカンド体質、恋愛下手、出会いゼロ。または男性を好きになれないなど、さまざまな悩みを抱えた女性たちが自分を変えるために相談に訪れるようになり、彼女たち自身も信じられないほど人生を激変させています。

そのいくつかをご紹介すると――。

・バツイチで恋愛に自信をなくした女性が、年収億越え男性とのデートが日常に
・容姿に自信がなかった女性に、ハイスペ男子のアプローチが殺到し優しい彼ができた
・8年間出会いゼロの40代女性が、10人のハイスペ男子から連続告白
・人生でモテたことがない30代女性が、理想にぴったりのハイスペ男子と交際開始
・50代バツ2からの婚活で、4人の経営者男性からプロポーズ
・ずっと男性が苦手だったカフェ勤務の女性が、最高の彼と結婚前提で交際スタート

これは、ほんの一部ですが、ほかにも、「2か月で人生が変わっちゃいました！」「幸せすぎて、信じられないくらいです！」という嬉しい悲鳴が続々と届いています。実に96%の受講生がハイスペ男子から告白され、70%に彼ができるという結果をもたらしているのです。

ここで、一つ、申し上げたいことがあります。

それは、**彼女たちが当初抱いていたお悩みこそが、素敵な男性と幸せになるためのパスポートだということ。**

さらには、不器用で恋愛下手な恋愛弱者が、実は、ハイスペ男子と最高の相性だという事実です。

この事実が解明された時、私たちも非常に驚きましたが、これは先程の数字にもあらわれているとおり、今では確固たる事実となっています。

そこで本書では、年齢や経歴や過去に関係なく、あなたがハイスペ男子、ハイスペ男性と出会い愛され人生を激変させてしまう、いわゆる「非常識なノウハウ」をお伝えします。

それは一言で言うならば、「自分革命」です。

革命とは、ルールを変えること、今までの「常識」を捨てて新しい生き方を創ることです。これを知ることだけで、あなたをこれまで苦しめてきたもののすべてが輝かしい未来を創る礎に変わっていきます。

具体的にはマインドから戦略・行動にいたるまで、あなたの人生に革命を起こしていきます。

私自身も、自分革命によって、どんな時も味方でいてくれる、頼もしくて優しい最高のパートナーと出会うことができ、先日婚約しました。

読んで実践することで、あなたの価値観はまるでオセロのように黒から白へとひっくり返り、気づいたら幸せな毎日があなたのもとに訪れていることでしょう。

吉沢詩乃

なぜ、彼女ばかりがハイスペ男子に選ばれるのか？――目次

プロローグ

恋愛弱者よ！ 今こそ出陣です！

第1章 恋愛弱者だからこそ「ハイスペ男性」は惹かれてしまうのです

彼はこうして彼女に心を奪われていく

第2章 恋愛弱者から、一気にモテ無双へ
これでもう「過去」と「他人の言葉」に振り回されない

第3章 本気度120％の望みをすべて叶えよう

今までとはまったく違う「視点」に答えがある

第4章

連戦連勝で数多くの男性から一人を選びましょうよ！

恋愛戦闘力を爆上げしよう

エピローグ

自分史上最高の人生を生きよう

プロローグ

恋愛弱者よ!
今こそ出陣です!

あなたの人生を激変させます！

人生を変えて理想のハイスペ男性と幸せになるには、思考と行動を変えること。

「涙が思わず溢れるような最高の人生を必ずつかみとる！」

と、今ここで、本気で決意してください。

今日から、あなたの人生は今までとはガラリと変わります。

なぜそう断言できるかというと、これからお伝えしていくことは、ハイスペ男子総合研究所が主宰する婚活塾で、受講生さんの人生が丸ごと激変しているノウハウだからです。

「私はブスだからと人生をあきらめていたけど、本当にモテて当たり前になりました！」

「信じられないくらい理想通りの彼ができて、結婚前提で交際中です」

「正直、40代の今が人生で一番モテてます♡」

「会う男性全員からベタ褒めされて、ほとんどの人が告白してくれます！」

これは、受講生さんからの実際の声です。**彼女たちのように、モテるのが当たり前にな**

り、愛されるのが当たり前の人生になると、婚活も恋愛も楽しくて仕方がなくなります（中には楽しすぎて、婚活をやめたくないと感じてしまう女性も！）。

いかがでしょう。ひたすら耐えて頑張ってなんとか1人の男性と出会うよりも、たくさんの素敵な男性と出会い選ばれて当たり前、どんな男性とお付き合いしようか迷うくらいモテて、さらに最高のパートナーに心から愛される人生のほうがいいと思いませんか？

そんな人生は私には無縁だから……と感じてしまうなら、それも仕方がありません。だって、未来は現状の延長線上にしかないと考えるのが常識的ですし、そう感じてしまうのはごく自然なこと。**今私がお伝えしていることは、とても非常識なメッセージだからです。**

でも、もしもあなたの心の中に1％でも「そんな人生だったらいいのにな」「そんなふうに生きてみたいな」という気持ちがあるのなら、必ずその願望は現実のものとなります。必要なのは、これまでの自分の思考と行動を変えると決めること。そうすることで、未来は簡単に変わるし、現状のままでいるほうが難しくなります。

プリンセス映画のようにたった1人の王子様をじっと待ち続ける人生ではなく、自分にとって最高の王子様と選びきれないくらいにたくさん出会って、最高の物語を紡ぐ。

そんなあなたになって人生を激変させましょう！

ハイスペ男子総合研究所に託された使命

ハイスペ男子総合研究所は、複数の女性で構成している研究機関です。年収1000万円以上、20代から40代の男性100名以上に恋愛観・結婚観・お金観についてみっちりリサーチして、研究結果をレポートしています。

リサーチした男性の平均年収を算出すると、なんと平均5000万円以上。経営者や投資家、会社員、医師などの職業の男性に16以上の項目を直接ヒアリングして分析しています。ハイスペ総研は、実はとっても地道な作業をしているのです！

はじめはなんとなくの思いつきからスタートしたのですが、色々聞いていくうちにハイスペ男性特有の共通点や価値観、タイプ別の傾向が見えてきて、私自身が楽しくなってしまって。気づけばたくさんの女性がこれらのレポートを見にサイトに訪問してくださり、開催したイベントには1年で200名以上の女性が来てくれるようになりました。

実際にハイスペ男性へのリサーチをする中で気づいたのは、男性心理やハイスペ男性の生態を知らないが故にチャンスを逃している女性や、お付き合いしてからのすれ違いが起こっているケースがとても多いということ。

そして、それはハイスペ男性自身が悩んでいることでもあったのです。

男性の生態・心理を分析してノウハウを構築し女性に伝えることは、同時に男性側を幸せにすることでもあります。

お互いを理解することなく、ずっと一緒に幸せにいられることなんてありえません。また、表面的なテクニックだけでパートナーと理解し合うことや、長期的に幸せな関係を築くこともできません。もっと深い部分で男性と理解し合い、そして愛情と信頼に満ちたパートナーシップで男女ともに幸せになる、そんな状態を私たちは理想としています。

ハイスペ男子総合研究所の役割は、世の女性の代わりに、男性の生の声を拾い集めて伝えること。

そしてハイスペ総研に託された使命は、世の中の女性が最高のパートナーと愛し愛される人生を送るためのサポートをすることなのです。

年齢、職業問わず、幸せになれる方法があるのです

「もう50代だから、婚活なんてムリですよね？」

「結婚相談所で、30代後半は妥協しないと厳しいと言われました」

「バツイチ子持ちの私を好きになってくれる男性はいないですよね……」

「普通の会社員の私に高望みする資格なんてないと思って……」

これ、すべて実際の受講生さんが婚活塾への入学前に言っていた言葉です。


ハッキリ言って、幸せになるのに、素敵な男性に愛されるのに、年齢も職業もまったく関係ありません。


多くの人は「資格」を気にします。

幸せになる資格、選ばれる資格、結婚する資格……でも、その資格って本当に必要なのでしょうか？　その資格って、一体誰が保証してくれるのでしょうか？

数多くの受講生さんが幸せになる姿を見ていて確信するのは、望み通りの幸せを手に入れるのに必要なのは資格ではなく「方法」です。

あなたの望む幸せがなんなのか、それを実現する方法は何か。

あなたが幸せになる方法を知り実践すれば、素敵なパートナーと出会って相思相愛になるくらい、あっという間に実現できるのです。

おもしろいことに、婚活塾の受講生さんは20代・30代・40代・50代とまんべんなく分布していますが、モテ方はまったく同じなんですよ！

王道中の王道の方法を実践すると、年齢・職業などいろんな条件を軽く飛び越えて結果が出ます。

年齢や職業は、あなたの女性としての魅力を決定づけるものではありません。

そして、それを理由に可能性をあきらめるなんて、もったいなさすぎます！

20代の間しか幸せになれない、エリート会社員しか幸せになれないなんてルールはないのですから。

今この瞬間から、資格を気にして可能性を狭める生き方を終わりにしませんか？

世間の常識などクソクラエ

もしもあなたが今まで想像すらしていなかったレベルの幸せを手にしたいなら、先ほどの「資格」のほかにもう一つ、根こそぎ捨てるべきものがあります。

それは、まことしやかに囁かれる「世間の常識」です。

・女性は年齢が上がるほど価値が下がる
・50代より20代のほうがモテるに決まっている
・年齢が上がるほど妥協しないと出会えないし選ばれない
・離婚歴があって子供がいるとパートナーが見つからない
・自分の意見を言わない大人しい女性のほうが可愛いし選ばれる
・仕事ができて稼いでいる女性はモテない
・愛とお金は両立しないからどちらか選ばないといけない

・結婚していない女性は劣っている、価値がない

などなど、周囲の人の口から、ネットニュースやテレビや雑誌から、あらゆるところから「常識」とされている情報が流れ込んできます。

でも、その常識をあなたの人生に採用するかどうかは、あなた自身の意思で決めていいのです。一見もっともらしく聞こえる意見も、あくまで「その人の意見」「その人の中だけの常識」だからです。

私の周りの女性や受講生さんは「年齢を重ねるほど綺麗になって愛される」「自立していてビジネスも順調、さらにパートナーからも溺愛されて当たり前」「50代の今が一番モテる」「本音をストレートに言うほど男性から選ばれる」という「常識」で生きている人ばかりですし、実際その通りの人生になっています。

周りのハイスペ男性も「収入が増えるほど自由時間が増える」「たくさん遊ぶほどビジネスがうまくいく」「お金は使うほど増えるもの」という方がたくさんいます。

同じ世界を生きているようで、「真逆の常識」を採用している人はたくさんいるのです。

世間の常識なんてツマラナイものに縛られるのは、もうやめましょう。

人生は、あなたが採用したルール通りに展開するのですから。

「今までの毎日がウソみたい」という声、声、声！

ハイスペ総研には、毎日のようにモテ報告・幸せ報告がたくさん届きます。あまりに楽しすぎて「今までの人生は一体なんだったんだろう？」という女性もいるほど！

せっかくなので、実際に人生を激変させた女性たちの実例をご紹介しますね。

45歳会社員の女性のケース：

結婚する気のない男性とお付き合いして6年間が経過。連絡をひたすら待って重い女になっていた。出会いゼロの状態からハイスペ総研の婚活塾に入り、1か月でモテ無双状態に。経営者やコンサル勤務の男性など8人デートして5人から告白を受け、広告関係勤務の年収1500万円の素敵な彼とお付き合いスタート。同棲・結婚に向けて順調交際中。

29歳会社員の女性のケース：

人生でできた彼氏は1人だけで、その彼とも音信不通になって振られてしまう。ずっと容姿に自信が持てず、「こんなブスが道を歩いてすみません」と思いながらいつも下を向いて歩いていた。入学後、マインドとビジュアルを変えたら激変！ 婚活パーティーで18人中11人から選ばれ、麻布十番を歩けば「綺麗ですね！ モデルさんですか？」とナンパされ、飲食店で待ち合わせするとドリンクがサービスされるように。大手企業役員や商社勤務のエリートなど、数々の男性に告白されて年下のハイスペ男性と真剣交際中。

受講生さんの名言をご紹介すると……。

「モテすぎて、笑っちゃいます！」

「ずっと気にしてたけど、年齢はただの数字なんだなって思いました」

「デートした男性、みんな私のことが好きです！」

「デートの申し込みが多すぎて、スケジュール調整に悩んでいます」

「どんな男性と会ってもベタ褒めされるしデートが楽しいです」

「完璧に理想通りの最高の彼ができて、信じられないです！」

だそうで。モテて当たり前、素敵な男性に愛されまくる人生をめいっぱい謳歌しています。

ハイスペ男性とどこで出会えますか？への答え

女性からよく聞かれる質問ナンバーワンは、「ハイスペ男性とどこで出会えますか？」というもの。もしもあなたがこの疑問を抱いているなら、お聞きしたいことがあります。

それは、

「たった1人の理想通りの男性と出会って、あなたは必ず告白されて愛される自信がありますか？」

というもの。

もしも答えがノーなら、あなたにとって必要なのは「出会える手段・場所」ではありません。真っ先にやるべきことは、どんな男性とデートしても選ばれ告白される、全方位モテる状態に自分を仕上げること。受講生さんには、「デートをしたら8割以上の男性から告白される状態になりましょう」と伝えています（デートした11人中10人から告白される、6人連続で告白されるなど、皆さんきっちり実現されています）。

後ほどご説明いたしますが、**「全方位モテ無双モード」なれば、「どこで出会えますか？」という悩みは消滅します。**なぜなら、そのレベルまで自分を仕上げれば、出会いはどこにでも転がっているからです。

実際に、40代の受講生さんは有楽町駅から銀座の百貨店に行くまでの数分の間に、2人の紳士からナンパされたそう。出会いの方法を探すより、まず「いつでもどこでも選ばれる自分」になれば、日常が出会いだらけになります。

ハイスペ総研ではそれを「モテ無双モード」と呼んでいます。出会いがないなら、まずすべきことはモテ無双モードになること。出会いの方法をいくら勉強しても、男性から選ばれなければ話は進みませんから、最短ルートでいきましょう！

そのために必要なのは、非の打ち所がない美女になることでも整形をすることでもありません。

誰でも全員モテ無双になれる可能性を持っているので、それを開花させるだけです。あなたの中に眠っている可能性を眠らせたままなんて、もったいないと思いませんか？

素敵な男性と出会える最短ルートは、実はあなたの中にあるのです。

あなたも、ぜひ、この宇宙船に乗り込みましょう

「本当に人生がまるごと変わりました」「今では信じられないようなことが次々起きています！」と、受講生さんからよく言われます。

ハイスペ総研で伝えるノウハウは、単なるテクニックではありません。今までの土台に積み木を一つひとつ積み上げるような方法ではなく、まずはあなたが生きるうえでの前提や、コミュニケーションのルールを根本から書き換えていきます。例えるなら、オセロで端から端まで一気に黒から白にひっくり返るような感覚です。

その影響は、婚活や恋愛だけに留まりません。
家族との関係が良くなった、友人関係が激変した、仕事が楽しくなった、残業がゼロになって職場での評価が上がったなど、嬉しいご報告が続々と届いています。

パートナーシップは人生の根幹に関わる部分なので、当然のように、ほかの部分も自然に変化していきます。

人生のルールを書き換えた結果、必然的に恋愛・婚活もうまくいってしまうノウハウなのです。

必要なのは、あなたの心ひとつだけ。

絶対に幸せになるという覚悟を決めて行動したら、すべてが変わります。

今まであなたの人生を支配してきた思い込みやルールなんて、ぽいっと捨ててしまいましょう。

これまでの人生は、すべて過去のあなたがつくってきたもの。もしもそれが思い通りのものでないのなら、今この瞬間からすべてを変えることができます。

自転車でも徒歩でもなく、まるで宇宙船で異次元へワープをするように軽やかに、楽しく。

子供の頃のようにピュアでわくわくした気持ちで。ハイスペ総研が案内人を務めますので、安心してついて来てくださいね。

この宇宙船に乗り込んで、あなたが心の中でずっと待ち望んでいたよりもさらに素晴らしい、想像以上の愛と幸せに溢れた人生をはじめましょう！

次章からは、「ハイスペ男性攻略」「マインド改革」「戦略」「行動計画」「恋愛戦闘力アップ」という5つのノウハウをお伝えします。人生が変わりハイスペ男性にモテ無双するのに必要な要素をすべて盛り込みましたので、お楽しみに！

第1章

恋愛弱者だからこそ「ハイスペ男性」は惹かれてしまうのです

彼はこうして
彼女に心を奪われていく

スペックを一度捨てることから すべてははじまる

恋愛に自信がない女性ほど、実はハイスペ男性を虜にできる！

その不思議なメカニズムはハイスペ男性特有の思考や悩みからきています。第1章ではハイスペ男性の本音と、彼らが心を奪われる女性の在り方について解説いたします。

まず、ハイスペ男性から選ばれて溺愛されるために必ずしてほしいことがあります。

それは、「一度スペックを忘れる」ということ。矛盾していると思いますか？

でも、とても大切なことなのです。

「デート相手がハイスペ男性だと緊張する、気後れする」というご相談をよく受けます。

そのお悩みがなぜ生まれるのかというと、年収や社会的地位・学歴やビジュアルで自分と男性を比べていて、勝手に自分は劣っていると思い込んでいるからです。

考えてみてほしいのは、本当に人間の魅力って年収や社会的地位・学歴やビジュアルだけなのかということ。優しさやユーモア、行動力や好奇心、生き方や大切にしているものは価値がないものなのでしょうか？

人間は多面体なので、数え切れないくらいたくさんの側面があります。スペックだって、そのうちのごく一部でしかありません。**男性のことも自分自身のことも、スペック価値で評価するのはやめましょう。**相手が上、自分が下という見方もやめましょう。そうすると、デート相手のいろんな面が見えてきます。人間くさいところや素敵なところ、可愛いところ……。そういった面にフォーカスすれば、楽しいデートになると思いませんか？

そして、あなた自身のこともスペックで評価するのはやめましょう。だって、もっと素晴らしいところがあなたにはたくさんあるのだから！

世の中には無数のモテテクやノウハウがあるけれど、恋愛云々以前に、人として相手と良い人間関係を築くことが何よりも大切です。結婚を視野に入れてパートナーを探したいのなら、なおさらです。**スペックは別にあなたを幸せになんてしてくれません。**もしも興味を持つのなら、その男性が努力して勝ち取った地位や成功を、どんな挑戦や生き方を経て手に入れてきたのかの「プロセス」に目を向けること。

スペックの呪縛から抜けると、目の前の男性の本質と向き合うことができるので、結果的にハイスペ男性からもすごくモテるし、一生のパートナーとして選ばれるのです。

世の女性の99%は恋愛弱者だった

恋愛弱者というと、どんな女性を思い浮かべますか?

年齢=彼氏いない歴、仕事ばかりのバリキャリ女性、アラフォー・アラフィフ、バツイチ子持ち、不倫から抜け出せない女性、だめんず好きの女性などなど……。

もちろん、そんな女性はいわゆる「恋愛弱者」になりやすい傾向があります。

出会いがない、いいなと思った男性に好かれない、女性としての自分に自信が持てない、そもそもモテるなんて夢のまた夢など、そんなお悩みの数々を、私たちは今まで解決してきました。

でも、実はハイスペ総研に相談に来る女性の中には、仕事もデキて性格もよく綺麗な、一見完璧に見えるような女性も少なからずいるのです。

そういった女性から受ける相談は、「付き合っても長続きしない」「いつも彼が冷たくなって振られてしまう」「なぜかセカンドにされてしまって本命になれない」「付き合っているうちに重くなって嫌われる」「相手のことを好きになれず続かない」といった内容が多く、皆さん本当に深く悩んでいます。

そういったお話を聞くたびにしみじみ感じるのは、「恋愛やパートナーシップに悩んでいない女性って、本当にいないんだなぁ……」ということ。悩むポイントが違うだけで、いつも彼氏が途切れないあの女友達も、悩んでいたりするんです。

恋愛や結婚に至る道のりにはさまざまなフェーズがあります。
出会い～デート～お付き合いスタート～関係構築まで。そのどこに問題を抱えていても、やっぱり幸せは感じにくいし悩むことになります。彼ができることがゴールではなく、愛情に満ちた関係構築をすることをゴールにすると、「私はモテるし最愛の彼に溺愛されて、心から幸せです！」と言える女性は、実はほんの一握りしかいないのです。

ハイスペ男性と恋愛弱者は最高のマッチング

世の中の常識とは真逆ですが、ハイスペ男性と恋愛弱者は、これ以上ないくらい最高の相性です。実際に主宰する婚活塾では、40代・50代や年齢＝彼氏いない歴の女性、バツイチ子持ちや何年も出会いがなかった女性、人生の中で長い間恋愛や婚活・パートナーシップに悩んでいた女性が、次々と複数の経営者さんやエリート男性から告白され、素敵な彼と結婚前提の真剣交際をしています。中には10歳以上年下のイケメン経営者さんから熱烈アプローチを受ける女性も！

そんな話があるわけない、って思いますか？
現実的じゃない、あり得ないと思いますか？
でも、これらはすべてまぎれもない事実なのです。

非常識なこのベストマッチングを引き起こすためには「恋愛弱者である」ということが

必要になります。

自身のコンプレックスや悩みを受け入れて乗り越え、恋愛弱者であることを克服した女性は、一気にハイスペ男性の本命パートナー候補に躍り出ます。

今まで悩んでいたことのすべてがダイヤの原石になり、理想の男性との愛情に満ちた人生を歩むための道しるべとなります。

醜いアヒルの子が美しい白鳥になって羽ばたくように、恋愛弱者は一気に愛の女神に生まれ変わり、自らの可能性を開花させていくのです。

どんな女性も、今のまま悩みながら自分を変えずに生きていくこともできます。

でも、その抱えている悩みを活かして一気に人生を逆転させ、堂々と理想の人生を生きていくこともできるのです。

あなたが今恋愛・婚活で悩んでいるのなら、それは素敵な男性とめぐりあい、愛し愛される人生へのパスポートを持っているということなのです。

ハイスペ男性と恋愛弱者の共通項

年収1000万以上の男性は全体の4％で、ハイスペ総研でリサーチしている男性100名（平均年収5000万円）の割合は0.4％以下です。社会において彼らは圧倒的な少数派なんです。

「そんな男性って、よほど才能と運がある特別な人なんでしょ？」と聞かれることもありますが、それは正解でもあるし、不正解でもあります。もちろん能力が高い男性は多いけれど、では年収500万円の人の10倍能力が高いのかというと、そんなことはないんです。

もっと圧倒的に違うのが「考え方・行動」の部分。超マイノリティであるハイスペ男性は、世間一般とはまったく違う考え方・価値観のもとで行動しています。

その考え方とは……「他人の常識より、自分の価値観に従って生きる」ということ。

とにかくそこを徹底しています。彼らは、現在の地位になるために、世間の常識よりも自分の価値観を判断基準として各方面と衝突しながらそれらを乗り越えて、自分の道を切り開いてきた人ばかりです。

一方で、恋愛に悩んでいる女性は、容姿、年齢、メンタル、環境、肩書きなどで、世間の常識に合わせて自己評価を下げ、他人の目を気にして、自分の本質を生きることができずに葛藤を抱えています。その結果自信を失い、頑張っているのになぜかうまくいかない、そんな経験ばかりの女性達です。つまり、「世間VS自分」という構図の葛藤を抱える女性たちは、開花する前のハイスペ男性とまったく同じ状況なのです。

もしも恋愛弱者の女性が、それらのコンプレックスや葛藤を乗り越え、自分を活かして生きる術を身につけ、思い込みを外し前向きに輝けたとしたら。その瞬間から、ハイスペ男性とゆるぎない共通項が生まれて一気に距離が近づきます。

中途半端にモテたり、告白され男性とほどほどに満足したお付き合いをしている女性よりも、弱みや痛みがわかる、人間的深みのある魅力あふれる女性となり、そんな逆境を乗り越えてきた女性に、ハイスペ男性は自分と同じ匂いを感じて惹き寄せられていくのです。

さらに、恋愛で失敗した経験を抱えている女性は素直さと行動力があり、中途半端に成功体験がないからこそ、自己流にこだわらずにこれからお話しするメソッドを素直に実践できます。ハイスペ男性は素直に行動する方ばかりなので、そこにも共通項が生まれます。

ハイスペ男性のジレンマ

一見女性にモテモテで何の悩みもなさそうに見えるハイスペ男性も、実は恋愛やパートナーシップで誰にも言えない悩みを抱えているって知っていましたか？（何十人ものハイスペ男性が、口を揃えてポツリと言っていたことです）

その悩みとは、多くの女性から年収や肩書きだけで自分を評価されて、本当の自分を出せるパートナーに巡り会えないということです。

仕事もできてコミュニケーション能力も高く、振る舞いもスマートなハイスペ男性を、それだけで好きになってしまう女性はたくさんいます。

でも、どんなに完璧な存在に見えても彼らも普通の人間です。悩むこともあるし、不安になることもあるし、プレッシャーを感じたり、疲れてしまったり、オナラをしたり、会食続きで出てきたお腹にちょっぴり落ち込んだりすることもあるんです。

ただ、今まで人の何十倍も挑戦と経験を重ねてきたからこそ、ネガティブな感情との付き合い方や切り替える術、プレッシャーを乗り越えるメンタル、社会的に信頼される振る舞い方を学んで獲得してきただけ。

その裏側や過程に興味すら持たずに、「今、持っているもの」にしか興味を持たれないのは悲しい、と彼らは言います。

同時に不安になるのは「俺が無一文になっても好きでいてくれるのかな……」「今の肩書きがなくなっても一緒にいたいと思ってくれているのかな」というポイントだそう。「稼ぐようになってからは、俺が好きなのか諭吉が好きなのかは気になっちゃうよね」と冗談まじりに言っていた経営者さんもいました。

お金は生きるのに必要なものだけど、ただの数字だし、社会的地位も肩書きも、その人に付属するラベルの一部。その男性のコアな部分にはなり得ません。世間の評価を得るものではあるけれど、その人自身ではないからです。

そんなジレンマを抱えるハイスペ男性は、恋愛弱者であることを乗り越えて自分の本質で生きることを選び、世間の評価に左右されずに本当の自分（ハイスペ男性）と向き合ってくれる女性ほど心を奪われるのです。

好かれようとするから嫌われるという罠

ハイスペ男性と出会った時に、一番やってはいけないこと。

それは……好かれようとすること！

特に、あなたがドキドキときめいて好かれたいと思う男性ほど、絶対に好かれようと努力してはいけません。

その理由は大きく2つあります。

1つめは、人は相手に好かれようと行動するうちに、気づけば「嫌われないための行動」をしてしまうようになるからです。好かれようとすること自体、相手からの自分への評価を気にする行為です。自分への評価を気にするうちに、正解を探してミスをしないようにと意識が向いていきます。**ミスをしないように、嫌われないようにという行動ほど不自然なものはないし、そんな会話ほどつまらないものはありません。**そして自分の評価を気にしているということは、目の前の相手よりも自分のことにベクトルが向いているということ。せっかく貴重な時間を一緒に過ごしているのですから、ベクトルを相手に向けてコミュニケーションを楽しむことが、良い関係やご縁を呼び込みます。

2つめは、相手に好かれようとすればするほど没個性になってしまうこと。「男性から好かれる女性像」というと、どんな女性をイメージしますか？　優しい、可愛らしい、女性らしい、上品、丁寧な言葉遣い、感情的にならない、知的、いつも笑顔、センスのいいファッション……こんな完璧な女性を思い浮かべる方も多いのではないでしょうか？　そんな女性を目指すと、個性を消して自分の欠点を隠し、悲しみも怒りも押し殺すようになります。

では、あなたがモテモテの男性だとして、デートするのがそんな女性ばかりだったらどうでしょう？……正直、もう飽きたしツマラナイ、本当はどんな人なのか隠されているようで居心地が悪いなぁって感じると思いませんか？

もちろん人によりますが、ハイスペ男性はやっぱり出会いのチャンスは一般的な男性よりも多い傾向があります。その中で選ばれるのは、自分の素をさらけ出して、魅力も欠点もすべて表現している女性なのです。

ハイスペ男性が好きなのは美人ではなくて〇〇が高い人

最初に誤解を解いておきたいことがあります。

それは、ハイスペ男性が好きになる女性は「顔が綺麗な美人」ではないということ。

シンプルに顔面だけを見て好きになる男性はほとんどいません。それよりももっと大事なのは「美意識」です。ファッションやヘアメイク、スタイルや姿勢、髪や肌・歯の美しさと清潔感……これらはすべて意識と努力でいくらでもアップデートできます。

ハイスペ男性のパートナーの女性とたくさんお会いしますが、顔のテイストはさまざまでも、清潔感がない人やすごく太っている女性は見たことがありません。スレンダー体型でもグラマラス体型でも、ウエストは締まってバランスのとれたスタイルの女性ばかりです。そして、会うたびに美しさが磨かれていく女性ばかりです。特に本命パートナーの女性は、これから長い人生を一緒に過ごす相手です。時間を重ねるうえで大事なのは元々の造形よりも、その時の年齢やＴＰＯに合わせて綺麗を更新し続ける力のようです。
そして、それを支えるのは造形よりも美意識なのです。

また、とあるイケメン経営者さんが言っていて印象的だったのが「好きだなってつい思ってしまうのは色気のある女性。色気とはセルフプロデュース力のこと」という一言。

色気のある女性は間違いなくモテますが、そのために必要なのは露出でもボディタッチでもなくセルフプロデュース力なのだそう。

セルフプロデュース力を構成するのは「自分を活かす力」と「客観視する力」です。
自分の顔立ちや身長、髪質、瞳や肌のトーンや質感、纏う雰囲気、特に美しくて印象的なパーツはどこか……それらすべてを活かすファッションやヘアメイクをすることで、あなたの魅力と個性は最大限発揮されます。

また、美しさや色気はその人単体だけで成立するものではありません。1日の中での時間帯や場所、どんな目的でどんな人が集まる場なのか……それらすべてと調和が取れてこそです。そう考えると、どんどんアップデートしていけそうだと思いませんか？

遊びの相手と本気の相手の決定的な違い

ハイスペ総研のリサーチでは「遊びと本気の女性の違いは?」という突っ込んだ質問もしています。「時間の無駄だから遊ばない、本命だけ」「ずっとモテてきたし特に今更遊びたいと思わない」という男性もかなりいますが、遊び・本命の違いを聞くとハイスペ男性の求めているものがわかりやすいので、ご紹介しますね。

それは……数回デートするだけ、気が向いた時に会うだけの遊びの相手に求めるのはシンプルに「外見とノリのよさ」とのこと。身も蓋もないですが、「可愛いな〜って思うかどうか」だそうです。

結婚を視野に入れた本気の相手に求めるのは「コミュニケーション力と社会性」という意見が大多数でした。コミュニケーション力といってもお笑い芸人のようにドッカンドッカン笑いをとるトーク力が必要なわけではありません。

それよりも大事なのは「相手を理解する力」「自分の本音を伝える力」の2つです。嬉しいことや幸せを感じるポイントは人により千差万別。お互いの違いを会話で理解し合える、向き合える相手を求めているそうです。

また、男性からよく聞くのが「女性の考えを察するのはほんとムリ！」という悲痛な叫びです。ただでさえ苦手な察する力を求められると、それだけでかなりパワーがかかってしまうみたい。察してくれるのを待たずに素直に自分の考えを言ってくれる女性は、それだけでとても楽に一緒にいられるそうですよ。そして、いつも素でいてくれる女性には、自分も普段着ている鎧を脱いで一緒にいられるので、とても安心するそうです。

社会性について、とある投資家の男性に聞いたところ「一言で言うと、人に紹介できるかどうか」とのこと。公私混在した知人・友人のいる中で、その場に合った安定感のある振る舞いができると、ずっと一緒にいられるイメージがわくそうです（逆に、皆がいる場で部屋の隅でスマホをずっといじっているのはNGという例も聞きました）。

「1、どんな時も。2、ずっと安心して一緒にいられる」と感じられる女性は、人生を共にしたいと自然に思えるようです。でも、それはちょっとハードルが高いかも……と思われるかもしれませんが、ご安心ください！　この本を読むことで、自動的にその2つが身につき、自然体のままでたくさんの素敵な男性から選ばれるあなたになれます。

スペックは欠乏感を埋めるための道具ではない

受講生さんにいつも言っているのは、

「相手の男性がどんなに素敵でもハイスペックでも、それはあなたを幸せにしてくれるものではないし、自分の欠乏感を埋めるための道具にしないでくださいね」

ということ。

このマインドが徹底されているので、受講生さんたちは複数の経営者さんから熱烈アプローチを受けているのです。

自分の人生の幸せは、自分自身の心の在り方でつくるもの。どんなに完璧なパートナーができようと、あなたの価値が上がるものではありません。逆にいうと、人が羨むようなパートナーがいなくても、あなたの価値が下がるものではないのです。

もしも「パートナーがいない自分はダメだ、価値がない」という想いから婚活をしたりパートナーを探そうとしたりしているのなら、ちょっとストップ！

あなたはパートナーがいてもいなくても完璧だし、とっても魅力的な女性。

この世界にいるだけで社会貢献だし、生まれてきたことが祝福されている存在です。

誰がなんと言おうと、それだけは揺るがない真実です。

相手のスペックや社会的地位で欠乏感を満たす行為は、自分を幸せにする権利を自ら放棄して他人に明け渡しているようなもの。そんなもったいないことはやめてくださいね。

欠乏感を満たすための婚活をやめて、今日からは素晴らしい存在のあなたが「一緒に幸せになれるパートナー」を探すための旅に出ましょう。

シンプルに「最高の人生を一緒に過ごす、素敵なパートナーが欲しい！」という視点で行動すると、びっくりするくらい自然とうまくいきます。

「欠乏感を動機にしない」という視点は劇的に展開を変えるので、ぜひ、今この瞬間から視点を切り替えていきましょう！

スペックを圧倒するあなたの魅力を出す

スペックについて、もう少しお話ししましょう。最高のパートナーと出会い、愛し愛されるために必要なのはスペックではありません。

年収や職業・社会的地位や学歴、経歴やビジュアルなどのスペックは条件です。

条件とは、全体の中から1つの指標で、それぞれの人を分類するものに過ぎません。

つまり特定の個人を表するものでなく、1つの指標での区分けの中のどこに該当するのかということのみを示します（たとえば年収500万円未満の人は○○万人、年収500万円～1000万円未満の人は○○万人、年収1000万円以上の人は○○万人という具合に分類すれば、人はこの3つのうちどこかの分類には該当します）。

同じ条件の人はいくらでもいるし、その指標で分類したらそこに当てはまるという、ただそれだけのこと。

条件では表現できない、計ることとなんてできない魅力があなたにはあります。生まれ持った性質や体、心。そして今まで生きてきた中で身につけてきたもの、環境や経験から学んだこと、何を考えて、何に悩み、何を大切にして生きてきたのか。好き嫌いや喜怒哀楽、人に接する時に出てくる良いところやちょっとダメなところ、得意なことや苦手なこと。

同じ女性は誰ひとりいないし、今あなたが持っているものは、この世であなただけのものです。

それらすべてを輝かせて、自分を表現して生きる決意ができたのなら。条件を圧倒的に超えたあなただけの魅力になります。男性にモテる、理想を超えたパートナーができるのはもちろんのこと、あらゆる幸せと豊かさを呼び寄せる存在として生きていけるのです。

ここまでハイスペ男性が心の中で思っていること、そして、心を奪われる女性についてお話ししてきました。

ハイスペ男性が心惹かれる女性は、スペックを捨てて自分と相手の本質に肉薄して向き合える女性。スペックに恵まれた人ほど、弱みも苦しみも受け入れて自分を生きる覚悟を決めた女性に心を奪われるのです。

よくあるお悩み例
1

彼からのLINEの返信が遅いし、
返信が来てもそっけないです。
私は愛されていないのでしょうか？

ハイスペ男性の声

愛情とLINE返信は関係ないから、返信の速度で愛情を測らないでほしいと思ってる。

仕事の時は仕事に集中したいし、スマホを長時間見られないこともある。彼女からのLINEを読むと緊張の糸が緩んでしまうから、好きだからこそ、余裕ができた時にあとでゆっくり返したい。

お悩み回答

彼からの返信＝愛されている証拠と考えていませんか？

返信と愛情に相関関係はありません。

「私はどうせ愛されない」という前提になっていませんか？

「私はどうせ愛されている」という前提だったら、どう感じるか考えてみてくださいね。

LINEの返信速度と愛情は関係ありません。そのうえで、自分がどれくらいの頻度が嬉しいのか、明確に考えてみましょう。2日に1度なのか、1日に4、5度なのか、人によって適度な回数は違います。自分が望む頻度を明確にしたうえで、それを相手に伝えましょう。

「もっと連絡が欲しい」と言うよりも、「1日に1回ぐらい連絡があると、すごく嬉しいな！」と伝えたほうが伝わりやすいですよ（もう少しくわしい解説は180Pへ）。

第2章

恋愛弱者から
一気にモテ無双へ

これでもう「過去」と「他人の言葉」に
振り回されない

知らないうちに根深い思い込みにとらわれている

全方位愛されまくってしまうモテ無双モードになるには、まずマインド改革から。第2章では、その具体的な方法についてお話ししていきます。無意識に自分にかけていたブレーキを外して、アクセル全開で幸せへと突っ走りましょう！

悩んでいる多くの女性の相談に乗り、恋愛・婚活への苦手意識や自信のなさ、うまくいかない原因をひもといていくと、それらを引き起こしているのが「過去」や「他人の言葉」であることがわかります。

たとえば婚活塾に入学された、とある40歳の女性は、大手企業で管理職をしている上品で綺麗な女性。でも男性から、「可愛げがない」「もっと笑えよ」「負のオーラがあるからモテないんじゃないの？」と言われて深く傷ついていました。そして、「私はそのままでは誰からも選ばれないから」と自分を隠して、感情を押し殺して愛想笑いをして男性と会うようにしていました。その結果、**お見合いの後はどっと疲れ果てて、無理をして相手に合**

わせているのに一切次につながらず、さらに「やっぱり私はダメなんだ……」と落ち込むというループにはまってしまいます。また、「40歳でいい人なんて見つかるわけない」という親戚の言葉から「どうせ無理だ」という不安とあきらめが事あるごとにチラつくようになってしまったのです。さらに、その女性の過去をヒアリングしていると、幼少期の辛い経験から「男性は怖いもの」というイメージが強く刷り込まれ、男性と接する時に無意識のうちに「相手は私を傷つけるのではないか」という怯えを抱いていることがわかりました。その前提で男性に接しているので、心を固くガードしたままコミュニケーションを取り、相手と良い関係が築けていなかったのです。

過去の経験からくる「男性は怖いもの」という刷り込みに、大人になって男性から言われた厳しい言葉の数々や、年齢を重ねると女性としての価値が下がる、という概念が加わると、さらに強固な苦手意識が生まれます。その根深い思い込みを外すことが、本当に幸せな恋愛・結婚のスタートラインとなります。ちなみにその受講生さんは、長年苦しんだ思い込みから自由になり、今ではデートした男性全員から次のデートを熱望され、素敵な年下のイケメンからもデートのお誘いがきてとっても忙しそう。過去と他人の言葉から自由になれば、いくらでも状況をひっくり返すことはできるのです。

絶世の美女も恋愛弱者になりえると心得えよ

第1章でも申し上げましたが、美女は第一印象で目を惹くから出会いのチャンスも増えやすいし、男性からのアプローチを受けやすいです。告白されたり熱烈なお誘いを受けたりすることも日常です。

でも、意外と美女が抱えやすいのが、お付き合いした以降の深刻なお悩み。

・最初は情熱的だった彼とだんだん連絡がとれなくなって振られる
・いつでもやめられると思ったリッチな彼との不倫から抜け出せなくなった
・なぜかいつも浮気されたり、セカンドにされたりしてしまう

などなど。

美貌は出会いのタイミングでは確かに武器になるけれど、お付き合いした後の男性との関係構築ではビジュアル以外の要素が求められるので、絶世の美女＝幸せとは限らないし、

美貌を誇る女性もまた恋愛弱者だったりします。

ハイスペ総研に相談に来る女性も、この悩みに当てはまる方が必ず一定数います。

お付き合いしてからの大切な関係構築期間に、あぐらをかいて自分のビジュアルと相手の経済力を引き換えにする代償は、とても大きいものです。

出会いやお付き合い初期の期間。これは実は一瞬で終わり、その後は「2人の関係をいかに築くか？」が最重要テーマになります。恋愛だろうが結婚だろうが人間関係の1つに過ぎません。そして外見だけでずっと幸せでいられるほど、甘くはないのです。

綺麗でいることも大切だけれど、それ以上にコミュニケーションやマインドを磨くことが何よりも大切です。

ちなみに先ほどもお話ししたように、ハイスペ男性に本命に選ぶ女性の条件を聞くと、コミュニケーションや関わり方の深い部分・社交性についての項目を真っ先に挙げる人がほとんどなので、やっぱりそこなのだなぁと感じます。

いらないルールがあなたの幸せの邪魔をする

知らず知らずにあなたが幸せになることを邪魔しているもの。

それが、「いらないルール」です。ほとんどの女性は、過去と他人の言葉から無意識のうちに採用してしまったルールを複数かかえています。そしてそれが、幸せになるための行動を制限してしまうのです。例を挙げると……。

◆「私は可愛くない、思ったことを言ってはいけない」というルール

とある女性は、子供の頃に学級委員をしていて責任感の強いタイプでした。同級生の男の子を注意したら、返す言葉で「お前はほんとに可愛くないよな！」と言われ、それが原因で「私は可愛くないんだ」「思ったことを言うと異性から嫌われるんだ」と思うようになってしまいました。その結果、自分の気持ちや考えを押し殺し、可愛くないと思われないように本音を隠すようになり、食べたいメニューすら頼めなくなってしまいました（チ

ャーシュー麺が食べたいのに、可愛くないかもと頼めなかったそうです！）。

当然、彼ができても思ったことを言えなくて、どんどん苦しくなります。彼にどう思われるか常に不安で重くなってしまい、距離ができて振られるというパターンになってしまっていたのです。そこからこれまで自分が持っていた「いらないルール」を捨てた結果、デート相手は選び放題、初回デートから思ったことを素直に言えるようになって悩まなくなり、大好きな彼からは夢だった素敵なレストランでバースデーサプライズをしてもらえるようになりました。

そのほかにも、母親から常に妹と比べられて育った結果、「私は愛されない」「私は劣っている」「私はブス」というルールを採用してしまった女性や、感情的で怒りっぽい父親と黙って耐える母親を見て育った結果、「男性は気に入らないことがあると感情的になるもの」「男性には自分の考えを言ってはいけない」「辛いことがあっても耐えなければいけない」というルールを採用してしまった女性もいます（皆さん、今はルールから自由になってモテ無双となり、素敵な彼がいます）。

彼女たちは、自分が愛されるべき存在であると認め、思ったことをそのまま表現したらうまくいくのに、強固なルールがあるのでその選択肢を選べないのです。

癒されていない過去が足枷になる

では、なぜ過去の経験や他人の言葉が、あなたを縛るルールになってしまうのでしょうか。それは……そのときの経験によって受けた心の傷が、癒されないままだからです。

人は悲しいことや辛いこと、嫌なことがあると、同じ思いをしないように、辛い出来事が起こらないように自分の中にルールをつくって対処しようとします。そして、心の傷が深いほどにそのルールは根深いものとなっていくのです。

特に幼少期～社会人になる前までの経験は大きなインパクトを持つので、その出来事が古いほど、そしてショックが大きいほどあなたの思考・行動に影響を及ぼすようになります。家庭環境や親の教育、先生や同級生の言葉、中にはＤＶや性犯罪、虐待やいじめなどの過去を持つ女性もいます。

でも、強固なルールをつくってまで避けたい出来事は、必ずしもあなたのせいで起こったわけではないのです。人は生まれてくる家庭や環境は選べません。

さまざまな女性の話を聞き思うのは、可能性はどの女性にも同じようにあるけれど、人生をスタートする時の環境や条件は平等ではないということ。

心を閉ざすほどの辛い思いや、その後の人生での行動を決定付けてしまった出来事、抜けない棘のように心の隅に刺さっている記憶があったとしても、それらが起こったのは決してあなたのせいではありません。さまざまな条件が重なって、偶然や巡り合わせの結果としてあなたの身に降りかかってしまったものです。その時はただ耐えるしかなかったり、何が悲しくて嫌だったのかすら言語化できなかったりしたことも、これからお伝えしていくことを知れば、再びあなたを同じように苦しめることはありません。

その時の感情が癒されずにあなたの中に残ったままだと、その時に無意識のうちに設定したルールは採用され続けます。それはあなた自身を守るために自分でつくったルールなのですが、同時にあなたの行動を制限してしまい、幸せになる時の足枷となってしまうのです。そこから自由になるには、過去のあなたを癒すことが必要となります。

決して幸せになれない村に閉じ込められて

いらないルールを採用して生き続けることは、例えるなら「決して心から幸せにはなれない村」に閉じ込められているようなものです。

ふと気づけばずっと住んでいたその村を、出ていこうなんて、普通は思いつきもしません。

誰が決めたのか、いつからそうなったのかはわからないけれど、その村に住むことが生きるための絶対条件で、特に満足もしていないけれど外に出られるなんて考えすら浮かばない。同じ村に住む仲間は、村にいるのが当たり前で、安全で、そのまま一生を終えるのが当たり前だと思っている人ばかりです。満足もしていないし幸せでもないけれど、ほかに選択肢がないという理由でその村に留まっているのです。そして「外の世界は怖い」「村から出て生きていけるわけない」と、はるか昔に耳にした話を、疑いもせずに当たり前として受け入れているのです。

村の塀は高く、外の世界なんて見えません。外の世界に楽園が待っていても、美しい海や美味しい果実、素晴らしい景色が広がっていても、最高のパートナーがあなたを待っていても、自分がルールを捨てない限りはそれを一目見ることすらできないのです。

実際には外の世界は安全で優しく、嬉しいことや楽しいことがいっぱいです。

外にいる人々は「なぜ村から出てこないのかな？」と不思議で仕方ありません。

いらないルールを採用し続けるということは、この村を出ないという選択をし続けるのと同じことです。「この村を出たら死ぬ！」と、あなたが怯えていたとしても、村の外の人達からすると「え？　なんで？　なんともないし外のほうが１００倍自由で幸せで楽しいよ？」と首をかしげるでしょう。

それくらい、そのルールを採用していない人から見たら不要なものなのです。そして、その村から一歩出ると信じられないような幸せと可能性があなたを待っているのです。

モテないがモテるに変わる自分思考革命
～閉じ込められた村からすぐに脱出しよう

閉じ込められている村を出れば、あなたの人生は一気に変わります。モテなかった女性は、男性が行列をつくるくらいモテるようになり、人生最高の彼ができて心から愛されるようになります。

恋愛だけではなく、家族関係が良くなったり、辛かった残業がゼロになったり、仕事で急に評価されるようになった女性もいます。

革命と言ってもいいくらい、ガラリと今までの常識がひっくり返るのです。

とは言っても、自分がどんな村に住んでしまっているのか、わからない人がほとんどです。そこでせっかくなので、あなたがどの村に住んでいるのかをチェックシートでセルフ診断して、その村から脱出する方法をお伝えしますね！

◆自己診断の方法

あなたの村がわかる自己診断チャートを使ってチェックしてみましょう。

方法はとっても簡単で、質問に答えながらチャートを進めるだけ。

じっくり考え込んでしまうと回答が変わってしまうので、直感でスピーディーに回答するようにしてくださいね。

友達が失恋して悲しんでいる時

a：何時間でも話を聞いて慰めてあげる
b：数分で話を切り上げ、次があるよ！と促す

a →
b → スルー村

彼が仕事をやめて無職になったら

a：自分も働けるので次の仕事が見つかるまで支える
b：表面的には励ましつつ、次の彼を探す

a → 優等生村
b → あきらめ村

本当は行きたくなかった彼の友人とのキャンプに行った時

a：表に出さずに不満をためる

b：彼が楽しそうなのでいい

b → シミュレーション村
b → 自己犠牲村
a → 我慢村

a → 忖度村

あなたの村がわかる自己診断チャート

自分は一般的に見て普通かそれ以上だと思う

a：そう思う

b：そう思わない

a →

彼とケンカになりそうな時

a：譲歩して彼に受け入れられそうな提案をする

b：ケンカにならないようにその場を丸くおさめる

↓ b

ルールやマナーを守らない人や甘える人に腹が立つ

a：そう思う

b：そう思わない

↓ b

彼からLINEの返信がない

a：色々察して当たり障りのないことを送ってみる

b：あらゆるパターンを想定してシミュレーションする

↓ a

彼からあまり嬉しくないプレゼントをもらった

a：喜んでほしいのだろうなと察して喜んで見せる

b：相手が怒らない範囲で、もうちょっとこうだったら嬉しいなって伝える

← b

ラッピング村

（最初の質問から）↓ b

男性の上司に注意された時

a：上司に対して腹が立ったり、怖いと感じる

b：自分にダメなところがあると落ち込む

↓ a

被害者村

↓ b

劣等感村

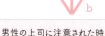

■忖度村

【特徴】

何か言われる前に察して相手の都合の良いように振る舞う

・顔色をうかがう
・よく気がつく
・察する能力が高い
・空気を読む

【例】

相手が聞かれたくないであろうことを察して、お金や結婚など、核心に触れる部分を会話に出さない。

【影響】

・都合の良い女になる
・付き合っても結婚につながらない

・関係を維持するために自分の負担が大きくなっている

【脱出方法】

・相手の顔色をうかがうのをやめる
・あえて空気を読まない
・聞きにくい質問をする
・言いにくいことを伝える
・要望をストレートに出す

■ラッピング村

感情や要望を相手の受け取りやすい形にラッピングして、100%の本心ではないものも、さも本心かのようにあらわす。

・察する
・自分をごまかす

・相手の能力を測る
・言い訳をする

【例】

本当はすごく怒っていたり悲しんでいたりすることも、「でも相手も頑張ってくれてるし……」などと考え、少しだけの不満として曖昧に伝える。

本当に行きたいことや食べたいものなどを相手の懐具合などを考慮して、そこそこ妥協できるところで伝える。


【影響】
・何を考えているかわからないと言われる
・相手に本当の要望が伝わらず双方不満がたまる
・ストレスが蓄積する

【脱出方法】

・自分の感情としっかり向き合う
・妥協ではない本当の自分の望みを把握する
・相手を信じてそのまま伝える

■優等生村

ちゃんとしていなくては愛されないという呪いにかかっている。
ルールや常識、世間の目に縛られ、相手にも自分にもとても厳しいので、常にイライラを抱えている。

・ルールを守らない人に苛立つ
・頼ったり甘えたりすることが苦手
・ちゃんとできていない自分はダメだと感じる

【例】

事前にお店を調べて予約しておいてもらえないと、それだけで有り得ないと感じ、デート相手を早々に切り捨ててしまう。
仕事が遅かったり、ちゃんとやってない同僚に腹を立てたりあきらめを感じて、必要以上に仕事を抱え込んでしまう。

【影響】
・婚活をしていても気を張っているので疲れやすい
・相手のダメなところを見つけては幻滅するので交際に至らない
・本当の自分を見せられないので、関係性が深まらない

【脱出方法】
・人に甘えたり頼ったりしてみる
・自分のダメな部分を人に開示してみる
・なぜダメだと思うのか、自分の設定を深掘りする

■我慢村

自分さえ我慢すれば、許容すれば波風が立たないと考え、本来の要望や痛みを伝えない。平和主義者。常態化すると、我慢していることすら自覚できなくなる。

・寒い、暑い、空腹などの生理現象を我慢しがち
・相手への不満を飲み込む
・本当の要望が叶えられなくても我慢して待ち続ける

【例】
彼がなかなかデートしてくれなくても、「連絡はくれるし」「彼も忙しいし」など、自分を納得させて不満を伝えないばかりか、逆にここまでしてくれていると感謝する。

【影響】
・感情を感じづらくなる
・本当の望みがわからなくなる
・相手も手応えを感じず、大切にされなくなる

【脱出方法】

・まず小さな生理的欲求を叶える
・本当の自分の感情と向き合う
・要望や不満を明確に伝える
・自分を癒すための行動をする

■被害者村

あらゆることに対して受け身で、常に自分を被害者ポジションに、相手を加害者ポジションに置いて物事を考える。

・「〇〇された」「〇〇られた」という表現を多用する
・常に責められているように感じている
・男性は怖い、世間は厳しいと思っている

【例】

他人の何気ない一言を「注意された」「怒られた」「責められた」と受け取ってしまい、落ち込んだり冷たい態度を取ったりしてしまう。
また、失敗することを極度に恐れるので、多くの場合なかなか行動に移すことができない。

【影響】
・ガードが固すぎて男性と親密になるのが難しい
・怖い人、冷たい人という印象を与えてしまう
・男性を加害者にしてしまうので、愛情が深まりにくい

【脱出方法】
・なぜ被害者ポジションを取ってしまうのか過去の体験を振り返りヒーリングする
・思いきって行動してみる
・「男性は優しい」「世界は優しい」という前提で生きてみる

■自己犠牲村

他人や集団の利益を、自分の利益よりも優先する。頭の回転が早く合理的だが、自分の幸せが二の次になってしまう。

・客観的で空気を読むのが得意
・全体の不利益にならない範囲で自分の要望を出す
・先回りして気を使うのが得意

【例】
彼とのデートの際に、会う場所、時間、お店などあらゆる彼の都合を考慮して決定し、予約をしたうえでお金も割り勘にしてしまう。

【影響】
・疲弊する
・感情を感じづらくなる
・かけてきた労力を考えて、不毛な関係性でも終わらせにくい

【脱出方法】
・誰よりも自分を優先して考える
・全体利益をあえて無視して自分の要望を出す
・自分の本当の望みを把握する

■スルー村
怒りや悲しみといった感情を面倒で不要なものとして、共感することも自分で感じることもスルーする。
・感情の起伏が少ない
・仕事は得意
・親近感や共感性は与えにくい

【例】

恋愛相談をしてくる友人に対して「じゃあ別れればー」など言うだけで親密に相談に乗ったりしない。正直言って時間の無駄だと思う。

【影響】

・何を考えているかわからないと言われる
・冷たい人間だと思われる
・深い関係性を構築しにくい

【脱出方法】

・なぜ感情をスルーしてしまうのか、過去の体験を振り返ってヒーリングする
・微細な感情もすくい上げて、感じてみる
・相手の感情にめんどくさがらずに向き合ってみる

■あきらめ村

自分の要望や願いは、どうせ叶えてもらえないとあきらめて伝えようとしない。自分が考えていることはどうせ伝わらないと伝える努力をしない。

・物分かりがいい
・自分で叶えればいいと考える
・常に渇望感がある

【例】

本当は素敵なお店を調べて、予約して、エスコートして欲しいと思っているけれど、伝えるよりも自分で行動してしまう。今の彼では満たしてもらえないとあきらめて、叶えてくれる他の男性を探す。

【影響】

・常に不満を抱えた状態になる
・浮気しがち

・1人の人と深い関係性を構築するのが難しい

【脱出方法】

・あきらめずに自分の要望を伝えてみる
・怖がらずに相手と向き合ってみる
・なぜあきらめてしまうのか、自分の設定を深掘りしてみる

■シミュレーション村

起きていないことを妄想して不安や恐怖を覚え、シミュレーションする。思った通りにことが進まないとパニックになる。

・相手にどう見られるか、どう思われるかが気になる
・相手に気に入られる言動や行動を取ろうとする
・情報収拾をして正解を求めがち

【例】
初対面の人とデートをするのに、どんな人なのかを想像して、当日の会話をシミュレーションする。どうしたら好かれるかをネットで調べて、いくつかのパターンを準備しておく。

【影響】
・人の目が気になって本来の自分を見失う
・準備をしておかないと不安になってしまう
・想定外のことが起きた時に対応ができない

【脱出方法】
・正解を探すことをやめる
・シミュレーションせずに自分の感情に正直になる
・相手がどう思うかではなくて、自分がどう感じるかにフォーカスする

■自己否定村

世間一般と比較して、自分ができていないことを見つけ出しては、自分はダメな人間だと落ち込む。

・他人と比較しがち
・自分はダメな人間だと思っている
・自分のようなめんどうくさくてダメな人間と付き合いたいと思う人間なんて、いるわけないと思っている

【例】
自分は他の人と比べて、美人でもないし、話もうまくないし、体力もないし……とあらゆるダメポイントにフォーカスして、こんな人間を好きになってくれる人はいないと落ち込んで行動できない

【影響】
・自分に自信が持てない

・相手の好意を受け取ることができない
・怖くて行動自体ができない

【脱出方法】
・人との比較をやめる
・自己否定してしまうきっかけとなった過去の経験を振り返り、心の傷を癒す
・とにかく行動する

一番やりたくないことこそモテ無双への最短ルート

さて、あなたはどんな村に住んでいましたか？　そこに書いてあった村の脱出方法は、あなたが一番やりたくないことかもしれません。

過去、受講生さんにすべきことをお伝えしたところ最初に返ってきた反応は、

「えっ……今やってしまっていることをやめられる気がしないです……」

「そんなことをするなんて考えたこともないし、めちゃくちゃ怖いです……」

「やらないとダメですか……？　正直無理だと思ってしまいます……」

と、青ざめた表情でなんとも後ろ向きな回答ばかり。

自分が今までずっとやってきたことを手放すのって、本当に怖いことなのです。

そんなことをしたら人間関係が破綻する、人から嫌われる、誰かに迷惑をかける。私がそんなふうにしていいわけない、きっと怒られる……など、不安と恐怖と罪悪感のオンパレード状態になります。そもそもその脱出法を実行しているイメージすら湧かなくてフリ

ーズしてしまう方もいます。

でも、人生を劇的に変えることって、必ずあなたにとって一番やりたくないことなんです。過去の受講生さんを見ていても、それは断言できます。なぜなら、勇気を出してその脱出法を実践してから、**一気に流れが変わる人ばかりだから。**最初の1回目のチャレンジはとっても怖いはずです。でも、決意を固めてまず3回チャレンジしてみてください。

1回目は挑戦することで目一杯で、その後色々な感情が湧いてくると思います。2回目になると、やや実践するハードルが下がってきて周りの反応に目が向くようになります。3回目になるとさらっと実践できて、なんの問題もないしむしろうまくいくことが理解できるようになるのです。

やりたくないことほど、あなたの人生を180度変えるための最大の鍵となります。そしてそれが、自由にあなたらしい生き方をしたまま男性にモテまくり、最高のパートナーと出会うための最短ルートなのです。**とても怖いと思いますがやっても絶対に死なないし、大丈夫です。**思い切って飛び込みましょう！

その我慢、本当に一生続けますか？

「自分がやったほうが早いから」「自分さえ我慢すれば丸く収まるから」「嫌と言えば嫌だけど、まぁ耐えられる範囲だから」「人に迷惑をかけたくないから」という理由で日々の我慢や妥協が多い女性ほど、本心では望んでいないような毎日や恋愛・パートナーシップに悩んでいる傾向があります。

そこで改めて考えてほしいのが「その我慢をこの先30年も40年も続ける人生を、本当の本当の本当に送りたいですか？」ということ。 答えがNOなら、今すぐにその我慢をやめてしまいましょう。人生は、「今」というごく短い時間の積み重ねです。決断と行動はこの瞬間にしかできないものです。今、我慢することを選ぶということは、これから死ぬまで我慢し続けるという選択をするのと同じです。

あなたは、本当はどんな人生を送りたいですか？　死ぬ時に、どんな人に囲まれてどんな人生だったと思ってこの命を終えたいのでしょうか？　少し先まで意識を広げて、あなた自身の望みを拾ってみてくださいね。

そうそう、誤解を解いておきたいのですが、あなたの望みを叶えることは誰かを不幸にすることではないです。世の中の根強い感覚として、何かを得れば何かを失うというトレードオフの概念があるのですが、それは人間関係においては当てはまりません。

なぜならば、人によって好き嫌いや幸せの価値観が違うからです。あなたが我慢しないで100％幸せで、同時に相手も100％幸せという状態は簡単に成立します。それは村の中にいるうちはわかりません。どうしても体感してみないとわからないことなので、勇気を出して「大丈夫だった」という経験を積み重ねていきましょう。

ちなみに見事に村から脱出成功した受講生さんからは、

「我慢しなくても全然平気だったし、むしろいろんなことがうまくいって衝撃です」

「私の周りの人はこんなにも優しかったんだって気づきました！」

「なんで今まであんなに我慢していたのか、今思うとすっごく謎です」

「〇〇しなきゃって、全部自分の妄想だったみたいで拍子抜けです……！」

と、驚きと発見の声が続々と届いています。

人生を変える＝行動とルールを変えること

今までのあなたの人生をつくりあげてきたものは、過去のあなたの行動です。そして人の行動は、無意識のルールに支配されています。今までと違う結果を出そうと行動しても、強固なルールがあるとどう頑張っても選べない選択肢・行動が出てきてしまうのです。

たとえば「常に相手の機嫌を損ねないように行動しないといけない」「相手が受け入れそうなことしか言ってはいけない」というルールがあると、パートナーはもちろん他の人に対しても常に本音を探るようになり、相手がＯＫしそうな要望しか言えなくなるのです。

その結果、パートナーの男性にも本音を言い出せず、相手はあなたを幸せにしようと頑張らなくなります。そして、時間がたつほどに大切に扱われないことに対してもそれを受け入れ、さらに相手に対して求めるもののハードルを下げ続けていくのです。

このようなルールを持っている女性の過去をヒアリングすると、家庭環境が複雑で子供の頃から気を使っていたり、感情的な親のもとで育ったケースがほとんどです。

物心つく頃から相手の機嫌をうかがい続け、自分の本心よりも相手の気分や感情を害さないことを重視して、行動することを選んでしまうのです。長い間抑え続けた感情や本音は、だんだんごく弱い感覚になっているので「我慢している」という感覚すらありません。そして、相手を伺って忖度することをオートマティックに繰り返してしまうのです。

すると、恋愛においては最初の出会いの段階ではいいけれど、お付き合いをスタートした後に問題が発生します。相手と衝突する可能性を少しでも感じる本音や感情はすべて封じ込めるようになり、最初は優しく頼もしかった男性が、だんだんそっけなくて頼りない存在に変わってしまいます。**何度も同じことが続く場合は、まず自分の行動を変える必要があります。そのためには「常に相手の機嫌を損ねないように行動しないといけない」「相手が受け入れそうなことしか言ってはいけない」というルールを変えないといけないのです。**

そのうえで、この知識をただ頭に入れただけでは状況はひとつも変わりません。ルールを変えるための行動を起こす必要があります。まずは自分が持つルールを把握して、そのルールを生んだ過去と向き合って過去を癒すことが大事です。

具体的な方法は、これから一緒にやっていきましょう！

感情を許可し過去と向き合う「号泣ワーク」

私たちが「号泣ワーク」と呼んでいるものがあります。これは受講生さんに必ずやってもらっているもので、みなさん最優先で時間を確保して実践しています。心理学の「フォーカシング」という手法なのですが、そのワークをやっていると自然と涙が出てくるのです。

婚活塾の最初の講義で行うワークなのですが、時には過半数の受講生さんが号泣してしまうこともあります。それくらい心の深い部分にアクセスする大切なワークなので、ひとりで安心して取り組める時間と空間を確保して、ぜひやってみてください。

◆号泣ワーク（フォーカシング）

ポイントは、感情に注目し、その感情を感じることに許可を出すことです。悲しむことすら禁じられた感情は、深い心の傷となります。この手順で過去の出来事を見つめて感情を出し切ることで、傷ついた心に寄り添い癒していきましょう。ノートとペンを用意して書き出しながら進めてください。手元にノートとペンがない場合はスマホ・PCのメモ機能でもOKです。※精神科・心療内科に通院中の方はワークを行わないでください

①過去に悲しかったことや辛かったこと、モヤモヤした出来事を書き出す

②その出来事が起きた時の感情に注目する

「本当はどう思っていたの？」「そう感じていたんだねー」と自分自身に声をかけながらひとつ残らず書き記してください。その時出てきた感情に、「ムカつくねー」「悲しいねー」「寂しいねー」「嫌だったねー」「辛かったねー」と丁寧に共感して言ってください。

③自分の感情に許可を出す

自分を抱きしめてあげるようなイメージで（実際に自分をハグするのも良いです）「怒っていいよー」「悲しんでいいよー」「泣いてもいいよー」「もう大丈夫だよー」と寄り添いながら感情に許可を出していってください。

個人差はありますが複数の事象が出てくるはずなので、ひとつで終わらせずに何度もやってみてください。自然に感情が癒され本当はどうしてほしかったのか」という本音や望みが出てきます。そして、いかにルールで自分を押さえ込んでいたかに気づけるのです。

インナーチャイルドを癒す

心の傷として奥深く眠っているものに、子供の頃の出来事があります。大人になった今のあなたと違い、子供の時は誰しも無力なので、悲しいことや辛いことがあっても黙ってじっと耐えたり、なんとかやり過ごすしか選択肢がありませんでした。

もしくは、何が悲しくて嫌だったのかすら理解できずにいたかもしれません。

その時に唯一できることが、自分を守るためにルールをつくることだったのです。

また、発達心理学によると幼少期は他者と自分のアイデンティティの境界を認識できないそうです。だから子供にとって「親＝自分」だと無意識のうちに認識しています。

自分が体験して辛かったことだけでなく、親の悲しむ姿や苦しむ姿を見て心を痛め、それが心の傷になっている場合もあります。

このワークでは、子供のあなたと大人のあなたが対話するイメージで、心の傷を見つめ癒していきます。 ひとりぼっちで傷つき悲しんでいた子供時代のあなたを迎えにいくような気持ちで取り組んでみてくださいね。こちらも号泣ワークと同様にノートやメモ機能に書き出しましょう。※精神科・心療内科に通院中の方はワークを行わないでください

◆インナーチャイルドヒーリング

①イメージの中で、椅子を向かい合わせに2つ用意する
②大人のあなたが片方の椅子に座り、目の前の椅子に子供の頃の自分を座らせる
③悲しかったり辛かったりした事象を思い出す
④その時感じていたことを思い出す
⑤小さい頃の自分が言ってほしかった言葉をかける
「そう感じているんだねー」「悲しんでいいよー」「怒っていいよー」「そのままでいいよー」「愛しているよー」「もう大丈夫だよー」と自分が望んでいた言葉をかけてあげてください。
⑥感情に寄り添ってあげる
大人になったあなたから望んでいた言葉をかけられて、さらに湧いてくる感情に対したっぷりと寄り添ってあげてください。子供の頃の記憶は、ひとつ思い出すと芋づる式に出てくるので、繰り返し何度も取り組んでみてくださいね。

家族・友人・男性・性についての傷を癒す

心の傷を癒すワークをご紹介しましたが、さらに取り組むヒントとなるように心の傷を受けていることの多い4つのテーマをご紹介します。**ひとつの場合もあれば複数にわたる場合もあります。その時のあなたにとって重大な出来事ほど、記憶を封じ込めていることが多いものです。**無理せず辛くない範囲で、時間をかけて何度でも向き合っていきましょう。

・家族

家庭環境や両親との関係、祖父母との関係や兄弟姉妹との関わり、母子家庭や父子家庭などで起きた出来事が心の傷になっていることがあります。両親の不仲、親が感情的だった、DVや虐待を受けていた、兄弟姉妹と比べられて育った、厳格な教育方針、依存的な家族がいた、ふとした一言にショックを受けた、など。

・友人

学生時代の友人関係は、家族のほかに初めて体験する社会です。女性同士ならではの関係の難しさもあるので、それが傷になっている場合があります。友人と比較されて劣等感を抱いた、仲間はずれやいじめを経験した、喧嘩をした、嫉妬された、仲良くしていた友人に距離を置かれた、陰口を言われた、友人がいなかった、など。

・男性

父親の影響や学生時代の男子同級生、職場の上司・同僚など。特定の誰かから受けた心の傷が、男性全体へのイメージや女性としての自己評価に影響している場合があります。父親が怖かった、同級生にからかわれた、職場でのハラスメント、セクハラなど。

・性

家庭での性教育や性に関するトラブルや被害・経験で、セクシュアリティに関する傷を負っている場合があります。極端に性から遠ざけられて育った、親の不倫、性犯罪被害、痴漢被害、性的マイノリティ、性風俗業での勤務、セックスでのトラウマなど。

あなたを一番傷つけている人物の正体

この2つのワークでは、向き合うのが辛いことに直面したかもしれません。あなたは本当に今までよく頑張ってきたし、優しくて繊細な部分があるからこそ傷ついたこともあったでしょう。そして、あなたに責任がないのに不幸な事故に遭ったり、鋭い言葉で心を傷つけられたこともあったかもしれません。

でも、これから最高に幸せな人生を歩むあなただからこそ、お伝えしたいことがあります。それは、あなたを一番傷つけていたのは、実はあなた自身であるということです。

過去に他人から言われた言葉を、何百回・何千回・何万回と心の中にリフレインしているのは、自分自身ではありませんか？　あなたが自分にかけ続けた言葉により、実際に言われたのはたった1回の一言でも、今まで何度も何度も傷ついてきているのです。とても大切で愛おしい存在のあなたを言葉で傷つけ続けるのは、もうやめましょう。あなた自身とのコミュニケーションですらも、自分の意思で選べます。

以前受けた他人の言葉を、正しい意見や事実として採用する必要はありません。これからは、本心から求めていた優しくてホッとする言葉を、シャワーのように浴びせてあげる人生にしませんか？

「我慢しないといけない」「自分が犠牲にならないといけない」などのルールを自分に課し続けているのもあなた自身です。身を置いているのが不本意な環境だとしても、辛くて苦しいその環境にいることを自分に強いているのはあなた自身です。仮に牢獄にでもいない限り、いつだって選択肢はあるということを、大切なあなた自身のために思い出してくださいね。

あなたの行動を決定づけているルールは、今この瞬間から捨てていいものですし、愛に満ちて幸せに生きていくあなたにはいらないものなのです。

過去に何があってもあなたは幸せになっていいし、誰かの犠牲にならなくていいのです。だから、あなた自身が必ず自分を幸せにする、傷つけるのをやめて大切にするという決意をしてくださいね。

涙が溢れるような本当の望みを知る方法

感情を許可して寄り添っていくと、心の傷が癒されると同時に新たな世界が広がっていきます。悲しみや怒りを押さえ込んでいた分、鈍くなっていた喜びや楽しさ・感謝の感覚がくっきり鮮やかに感じられるようになるのです。また、自分自身からも心の声を無視され叱責されていた状態から、存在をまるごと受け入れられている安心感が生まれ、精神的に満たされていきます。どんなことがあっても、何を感じても自分だけは受け止める・受け止めてくれるという感覚が芽生えるのです。それは温泉につかっているように心地よくてホッとする居場所ができたということです。

その状態になると、ふと湧き出てくる感覚や望みを敏感にキャッチできるようになります。何が好きで心地よいのか、どんな状態でいたいのか、したいことや欲しいものは何か、そしてどんなパートナーと一緒にいたいと感じるのか。

おもしろいことに、このワークをしばらく続けた受講生さんからは「男性の好みのタイプが変わった！」というご報告を受けることがよくあります。ダメな部分や人生の不安を埋めるためのパートナーではなく、より幸せに生きていくためのパートナーを自然と求めるようになるのです。中には「今までわざわざ幸せになれないような男性を選んでいたんだって気づきました……！」というご報告してくれた方もいます。

なぜそうなるのかというと、心の傷を癒すことにより、今まで許可していなかったような望みや本音が出てくるからです。心を殺したままで、望みをすべて封じ込めたままで幸せになることなんてできません。許可していない望みは表面化しないものなので、押さえ付けていた蓋を取る作業が大事なのです。

涙が溢れるような望み通りの幸せは、誰かが提案してくれるものではなく、あなたの心の中にすでに存在しているのです。

モテ無双マインドの極意は、誰よりもあなた自身が自分を愛するプロになること。過去の人生での傷を癒して寄り添い、堂々と幸せを叶える力を取り戻しましょう！

よくあるお悩み例

2

ハイスペ男性と
どこで出会えますか？

ハイスペ男性の声

たとえば、今日突然出会ったとしてどうするつもりですか？

あなたから声をかけてくれるのでしょうか？

普通にカフェとか飲食店にいますが、自分から声をかけるのは、よほどタイプの人だけですし話しかけてもらわないと、そもそも接点が持てないかもしれません。

お悩み回答

プロローグでも申し上げましたが、ハイスペ総研のSNSにも、特に多くいただくご質問です。ハイスペ男性の声の通り、ハイスペ男性に偶然会って、すぐに好かれて告白される自信はありますか？

落とせない状態で会っても意味がありません。まずは恋愛戦闘力を上げましょう。ハイスペ総研の受講生さんは道を歩いているだけで、素敵な男性から声をかけられるようになっています。

のちほど解説する「恋愛戦闘力」を上げれば、生きているだけで全方位出会えるようになりますよ。

第3章

本気度120%の望みをすべて叶えよう

今までとはまったく違う「視点」に答えがある

こんな男性リストをつくってはいけない

あなたの理想にぴったりの素敵な男性を連れてきてくれるのは、魔法の杖ではなく正しい戦略です。第3章では、最高に幸せになれるパートナーと、最短ルートで出会える戦略を立てる方法を解説していきます。

心を整えて最高の幸せを掴む準備OK、「さあ出かけよう！」と思ったあなた。もう少しだけお待ちください。あと少しだけ、必要なプロセスがあるのです。それは……あなたの120％の望みをすべて出し切ること。これをやるかどうかで理想通りの男性と出会える確率が大きく変わってくるからです。

だけど、絶対にやってはいけないのは、最初に「理想の男性リスト」をつくってしまうこと。リストをつくることは必要なのですが、最初に理想の男性リストをつくってしまうことには盲点があるのです。

たとえば、ついつい「一般的な価値観」「憧れ」の要素が入ってしまったり、欲張って本当は求めていない項目まで盛り込んでしまったりする危険性があります。本当は毎日一緒に夕食を食べて、土日はゆっくり過ごせる穏やかなパートナーを求めているのに、憧れの気持ちから「仕事をバリバリやっている男性」「海外を飛び回っている人」なんて項目を入れてしまう。あなたが幸せになるためのパートナー探しなのに、この調子だと本末転倒になってしまいます。

そんな「こんなはずじゃなかったリスト」にしないためには、必ず逆算して理想の男性リストを作成する必要があります。何から逆算するのかというと、「あなたの理想の人生・ライフスタイル」「あなたの理想のパートナーシップ」です。その2つをしっかりつくり込んでから理想の男性リストを考えると、あなたにぴったりフィットするパートナー像が明確になります。と同時に、不要な項目も明らかになるのです。

もしも今まで理想の男性リストのみをつくっていたとしたら、一度それは全部忘れてください。

理想の人生やライフスタイル・パートナーシップについてじっくり考えた後に、初めてそこから逆算して理想の男性リストをつくるのです。

遠慮ゼロで3つの理想を描こう

では、さっそく逆算方式であなたのベストパートナーを明らかにしていきましょう。

この理想を描く際は、遠慮は一切不要です。「これくらいだったら、なんとかなりそうだから」「あまり高望みするのは恥ずかしいから」「そんなにうまくいくわけないし」と、制限をかけるのはナシです。なんの制約も制限も条件もなく、実現したら最高に幸せだなぁと感じられる理想を正直に書き出してください。

なぜなら、人は本心で望んでいないことのためには行動できない生き物だからです。本心ではない望みは、中途半端なモチベーションしか生みません。逆に、世の中の価値観に合わせる必要もないので、最高の未来を想像しながら、心からワクワクする3つの理想を書き出しましょう。**心の傷を癒していらないルールから解放されると、今までとはまた違った望みも出てきます。**それぞれ、のちほど詳しく解説しますね！

◆理想の人生・ライフスタイル

・あなたはこれからどんな人生を送りたいですか？
・人生最期の時を迎えた時に、どんな人生だったと思って死にたいですか？
・住む場所／住む家／仕事／収入／生活スケジュール／子供の有無／趣味／ファッション／行きたいところ／実現したいこと／大切にしたいこと

◆理想のパートナーシップ

・パートナーとはどんな関係が理想ですか？
・時間の過ごし方／デートの頻度・内容／愛情表現／会話／感覚・感情／大切にしたいこと／家事・子育てへの姿勢／経済観念／共通の趣味など

◆理想の男性リスト

・あなたの理想のパートナーはどんな人ですか？
思いつくかぎりの項目をすべて書き出しましょう（最低30項目以上がおすすめ）。

実現可能性を無視するほど幸せになれる

あなたが、理想通りの最高のパートナーに溺愛される人生を送るのも、希望とはマッチせずそこまで好きじゃない男性とお付き合いするのも、実は実現難易度は変わらないということをご存知でしたか?

世の中の常識だと「理想とするゴールほど達成するのは難しく、妥協したゴールなら簡単に達成できる」が当たり前です。

でも、それは真実ではないんです。**かっこよくて優しくて素敵なハイスペ男性とお付き合いするのも、あなたがタイプでない男性とお付き合いするのも実現難易度は変わりません。**

ただ、大きく違うものがあります。それはゴールに至るまでの「方法」です。理想の彼とお付き合いするための方法と、妥協した彼とお付き合いするための方法はまったく違います。

望みを叶えるために最も大切なことは、最初にゴールから決めるということです。ゴールを決めることで、初めて方法や手段が決まります。でも、大抵の人は実現可能性や、やりやすそうな方法から考えてゴール設定をしてしまうのです。

たとえば、沖縄に行きたい人と北海道に行きたい人では乗るべき飛行機が違いますよね。あなたがもしも沖縄に行きたかったとして、「ゲートが近くて乗りやすいし出発時間もすぐだから、あの便にしよう」と、ろくに調べずに北海道行きの飛行機に乗ってしまったら、行きたかった沖縄にはたどり着けません。ゴールをきちんと決めずに手段や実現可能性を重視してしまうというのは、そういうことなのです。

ゴールを決めて必ず達成すると決意し、その後で手段を考えれば、いくらでも方法は出てくるし簡単に達成できます。ウソのような話ですが、本当のことです。

実現可能性を無視してゴールを先に決めてしまうことで、今までは考えられないような幸せな未来を実現できます。

できるかどうか考え込むよりも、まずは最高の理想を描いて必ず実現させると決めること。それができる女性ほど、どんどん幸せになれるのです。

あなたの理想の人生・ライフスタイルは？
～必要な年収は逆算できる

では、最初に設定するゴールから考えていきましょう。それは、あなたがどんなふうに生きていきたいのかという理想の人生・ライフスタイルを設定すること。

三つ子の魂百までというけれど、人が生まれつき持っている気質や性格はバラバラ。自然豊かなところでゆったりした暮らしをすることが好きな人もいるし、色々な情報やチャンス・刺激が溢れている都会で暮らすほうが合っている人もいます。

あなたにとってどんな人生が幸せなのか、どんなライフスタイルだったら毎日心から満たされて笑顔でいられるのかを考えていきましょう。

まずは、「どんな人生が理想なのか」を考えてみましょう。イメージが湧かない時は、先程の「死ぬ時にどんな人生だったと思って最期を迎えたいのかな？」とイメージしてみるといいです。そして、そこから日々のライフスタイルを具体的に加えていきましょう。

住む場所／住む家／仕事／収入／生活スケジュール／子供の有無／趣味／ファッショ

ン／行きたいところ／実現したいこと／大切にしたいこと、の項目で書き出すと整理できます。

ライフスタイルまで書き出したら、そこに必要なコストを算出していきます。

たとえば……。

・結婚して子供は2人ほしい／4000万円／月15万円
・都内近郊の駅近低層マンション・タワマン低層・2LDKに住みたい／月23万円
・週に1、2回外食をしたい・一緒にお酒を飲みたい／月12.8万円
・趣味の漫画・ゲームなどのオタク活動にかかる費用／10万円
・そのほか美容費5万円／生活費30万円

となり、必要な世帯年収は手取り1149万円・額面1642万円となります。自身の年収が額面650万円だとすると、理想的なパートナーの年収は992万円以上となります。

最初に自分の理想の人生設計をしておいて、パートナーを選ぶ際の基準にしたり、デートやお付き合いしたりするタイミングで相手とコミュニケーションを取っていけば、後から根本的な部分での不一致やすれ違いで苦しむことはないのです。

理想の男性像を描く前に、丁寧にあなた自身の望みを拾っていきましょう。

あなたの理想のパートナーシップは？

次に大切なのが、パートナーとはどんな関係を築きたいのかを明確にすること。

ここをサボってしまうと、お付き合いしてからの幸せ度が上がりにくくなったり、パートナーに不満や不安を抱えやすくなったりしてしまいます。

ここが不明確なまま交際スタートをしてしまったために、女性側が悩みがちなポイントに「デート・連絡の頻度」があります。「彼から連絡もそんなにないし、趣味に忙しそうで全然デートに誘ってくれなくて……私がいけないんでしょうか？」というお悩みを相談されることがあるのですが、それは、あなたを含めて誰も悪くないケースが多いです！

人生における優先順位は人によって全然違います。優先順位①仕事、②趣味、③友人、④恋人というタイプの男性は、必然的に彼女への連絡も少ないしデートの回数も減ります。逆に優先順位①家族・恋人、②仕事、趣味も友人との付き合いも特にない男性もいるのです。自分自身も仕事や趣味優先で恋人とはほどほどの距離感が良い女性は、前者の男性が合います。恋人との時間最優先で、距離が近いお付き合いをしたい女性は、後者の男性とお付き合いしたほうがペースが合います。そのタイプの女性が仕事が忙しすぎる男性と付き合うと、幸せ度が上がらず悩みやすくなるのです。**良い悪いではなくすべては相性なので、まずはあなた自身の望みを明確にする必要があります。**

そこで、時間の過ごし方／デートの頻度・内容／愛情表現／会話量・内容／感覚・感情／大切にしたいこと／家事・子育てへの姿勢／経済観念／共通の趣味などの項目で、あなたの理想のパートナーシップを書き出していきましょう。

愛情表現の方法も、とても個人差があるものなので重要です。受講生さんに必ずすすめている素晴らしい書籍があるのですが、その本を読むと愛情表現には種類があることがわかります（『愛を伝える5つの方法』／ゲーリー・チャップマン著　いのちのことば社）。

その理論によると、人が愛情を感じる・伝える方法は5種（一緒に時間を過ごすこと、自分のために何かをしてくれること、プレゼント、肯定的な言葉、身体的接触）に分かれていて、人によりその優先度は違います。「愛してるよ、あなたは綺麗だね」などの肯定的な言葉に愛情を感じるタイプなら、きちんと言葉で表現してくれるパートナーを選ぶか、お互いにコミュニケーションを取って愛情を表現し合うことが大事です。

あなたの本当の理想の男性は？

理想の人生・ライフスタイルと、理想のパートナーシップまで設定できたら、それをもとに理想の男性リストを作成しましょう！

・理想の人生、ライフスタイルを一緒に叶えていけるのはどんな男性なのか？
・理想のパートナーシップを築けるのはどんな男性なのか？

という視点で書いていきます。

憧れや一般的な価値観の要素ではなく、あくまでも「あなたが心から幸せでいられるのはどんな男性か」というポイントを忘れずに！　どんなに素晴らしい男性とお付き合いしたところで、あなたの価値が上がるわけではありません。

繰り返しになりますが、パートナーの存在とは関係なく、あなたはもともと素晴らしい女性で、愛されて大事にされるべき女神のような存在です。

「どうせ愛されてる」「どうせうまくいく」というスタンスで書き出してくださいね。他の誰でもないあなたのベストパートナーになる男性はどんな人でしょう？　箇条書きで最低でも30個以上書き出しましょう。**多い女性だと100個近く書いていましたが、ほぼ完璧にその項目を満たした理想のイケメン彼氏ができていましたよ！**

今までたくさんの女性の理想の男性リスト作成をサポートしてきましたが、おもしろいくらいに人によって千差万別です。早寝早起きなどの生活スケジュールが合うことを重視する女性もいるし、いかに一緒に楽しく食事ができるかを大事にする女性もいます。毎週必ずデートできることを重視する女性もいるし、週末婚などでお互いの時間や生活ペースを尊重する女性もいます。会話のおもしろさを最優先にする女性もいれば、「イケメンだけは何があっても絶対に譲れない！」と豪語する女性もいます。

人生が豊かでおもしろいところは、あなたオリジナルの幸せを自由にクリエイトできるというところ。

それを一緒につくりあげていける、より楽しくて愛と喜びに満ちた日々を共有できるパートナーがいると、1＋1＝2ではなく、5にも6にもなります。そんなわくわくするようなリストを作成してみてくださいね。

豊かな人生とは？
～お金観をアップデートせよ

ハイスペ総研の得意領域は、経営者・投資家などのハイスペ男性の情報を大量に持っているのでその思考・価値観に詳しいこと。**必然的に、受講生さんも複数の経営者・投資家さんに連続告白されて彼ができるなどハイスペ男性にモテまくっています。**

その理由のうちの1つが、お金観をぐるりと入れ替えていること。ハイスペ総研は平均年収5000万円の男性100名以上にリサーチしているのですが、その層の男性って、お金に対する価値観＝お金観が一般的な男性とはまったく違います。**稼げる男性にはとある共通のお金観があるので、女性もその思考回路をインストールすることで、ハイスペ男性から当たり前のように本命パートナーとして選ばれるようになるのです。**

「豊かな人生」というと、どんな人生を思い浮かべますか？　その答えは人により千差万別ですが、きっとお金を使って得られるもの「だけ」をイメージする人は少ないと思います。美味しい食事や美しいリゾートでの時間などを思い浮かべたとしても、そこにはきっと「その喜びを共有できる誰か」や「一緒に楽しい時間を過ごす誰か」も存在しているのではないでしょうか。**豊かであることは、誰かと共有することなのです。**

お金があると選択肢は増えますが、あくまでお金は幸せをアップグレードするもの。幸せは共有できますが、リッチであることへの憧れは一方通行のものです。たとえばイタリアンが大好きなカップルがいたとして、近所の美味しいお店を開拓して一緒に食事に行くのがとても幸せだったとします。それをアップグレードすると、彼女の誕生日にイタリア旅行を彼がプレゼントしてくれて、２人で美味しいレストラン巡りを心から楽しむかもしれません。それが幸せの共有です。

憧れという視点でこの出来事を見ると「海外に連れて行ってもらいたい」「贅沢をさせてほしい」となります。でも、もともとの「２人で美味しい食事を楽しむ」という幸せがないと、女性の「憧れ」を彼が一方的に満たすだけになってしまいます。その関係はやっぱり長くは続きません。**お金はあくまで2人の幸せをアップグレードするだけのもので、それ自体が幸せを生むわけではないのです。**

自分にとっての幸せは何か？　相手にとっての幸せは何か？　という視点が持てれば、どんな男性とも豊かさと幸せをどんどん育てていけます。

お金はただの紙切れです

お金は「交換」という役割を果たすただの紙切れです。今はお札や硬貨といった形のお金を私たちは使っていますが、お金の起源は実は「貝がら」だったそうです。

お金が生まれる前、昔の人は物々交換をしていました。経済活動のメインは食料だったので、木の実と魚や、肉と穀物を交換したりしていたそうです。もちろん冷蔵庫もなければ食品の加工技術もあまりない時代なので、そこで生まれたのが貯蔵の問題でした。今は食料が十分にあるから要らないけれど、1か月後には欲しい。でも、その時には今、自分が持っている魚は腐っている……。そんな悩みから、一度食料を珍しい貝に交換して、それを好きなタイミングで貝から食料に交換したそうです。それがやがて貴金属の金になり、貨幣になったのです。

つまり、お金はもともと「交換券」「引換券」のようなもの。

お金という物質自体に価値はなく、欲しいものと交換できるから価値があるのです。

つまり、何と交換するのかはその人のセンス次第！

ハイスペ男性は、お金が交換のツールであるということをよーくわかっています。

お金を「より価値のあるもの」「より価値を生むもの」「人生を快適に、豊かにするもの」に替えるのがものすごく上手。一言で言うと「投資感覚がある」お金の使い方をします。だからどんどん経済的に豊かになっていくのです。

投資感覚のある男性は「自分にとっての価値があるもの」「社会的に価値があるもの」の2つへの目利きが超高性能センサー並みにハイレベル。**価値のないものには100円だろうと絶対に使わないし、価値があると思えば何百万円でも何千万円でもポンと払います。**

お金は交換のツールなので、それ自体が最終的な目的にはなりえないのです。

だからこそ、「自分にとって価値を生むもの・ことは何なのか」に敏感になることがとても大切だし、それにより投資感覚が育っていきます。

お金はただの紙切れですが、その使い方で最高の人生を彩ってくれるものにもなるのです。

ハイスペ男性が行列する最強婚活戦略

「昨日今日で、２人の経営者さんに結婚前提で交際申し込みをされました！」

「11人デートしたら10人に告白されています、デートの予定が入りきらないです」

その10人は経営者、投資家、士業の男性など、いわゆるハイスペ男性ばかり。

これ、実際の受講生さんから受けたご報告（ご相談？）です。５年以上出会いがまったくなかった地方在住の40歳の女性と、８年以上彼がいなかった41歳の女性だったのですが、あっという間にハイスペ男性が行列状態。そんな楽しい婚活をするためのコツがあるのです。


この婚活戦略は、ハイスペ男性１００名へのリサーチと、営業・マーケティングノウハウの融合から生まれたもの。もともと私はリクルート（現リクルートホールディングス）という会社に新卒入社し営業職をしていたのですが、営業が強いと有名なリクルート社の営業のエッセンスを婚活に応用しています。

婚活は、企業の求人募集に限りなく似ています。求人募集を広告で行う際の鉄則は、「誰でもOKという広告ほど人が集まらない」「たった1人のベストな人物像を浮かべて、その人のハートに刺さるようなメッセージをつくる」ということです。人の脳は「自分のための情報である」「自分に向けたメッセージである」という情報を優先して認識するようにできています。対象者を決めた広告、強いメッセージほど人の心を動かし、結果に結びつくのです。「誰でもいい」という婚活ほど難航するものはありません。求人広告と同じように、不特定多数向け・誰でもOKという状態では、誰の心も動かせないからです(あなたも、誰でもいいので結婚しましょうと、男性に言われても心が動かないですよね?)。そして、本心から「誰でもいい」と思える女性はほとんどいません。こだわりがないはずなのに、誰と会ってもピンと来なくて進展しないという女性は、まずはきちんと「どんな男性と出会いたいのか」を設定しましょう。ターゲットを狭めているようで、実はそれが一番の近道なのです。

どんな男性と出会いたいかを設定すると、自然とその手段も決まってきます。「どんな男性とどうやって出会うか」を決めることで、あなたがイメージする男性とたくさん出会えて、なおかつ好かれて当たり前の状態で婚活をすることができるのです。

婚活は超短期決戦で

受講生さんに口を酸っぱくしてお伝えしていることは、「超短期決戦で大量行動しよう！」ということです。具体的な期間は、3か月（ハイスペ総研で主宰する婚活塾の期間でもあります）。その期間に最低でも12人、できれば20人の男性と会ってもらいます。

超短期決戦・大量行動を強くすすめている理由は、3つ。

1つめの理由は、「モチベーション」の問題です。 もちろん、婚活をしようと思うのにはそれ相応の動機や理由があるはずです。でも、動機や理由があるからというだけで継続的に努力し続けられる人間はごくわずかです。なんとなく気がのらない、ちょっと忙しい、疲れている……いろんな要素が足止めをします。そしていつか婚活を少しお休みするつもりが、何か月・何年という期間になってしまうのです。それを防ぐためには、モチベーションが低下する前に一気に勢いをつけてやりきってしまうことです。一定期間、「とにかくやる、行動する」ことを決めて、その間はやらない理由を一切排除するのです。

2つめの理由は、「比較検討」ができることです。 短期間に集中して出会うことで、男性を比較検討でき、ベストなパートナーを選べます。人と人には相性があるので、会って話してみないとわからないことばかりです。**統計学では、10人の男性の中から1番良いと思った男性を選び、新たに出会った男性から10人中1番だった男性よりもベターな人を選ぶと、理論上100人いる中から1番良い男性を選ぶ状態に限りなく近づくそうです。**

100人会うのは大変なので、期間を決めて比較しながらパートナー選びをするほうがダンゼン効率的です。

3つめの理由は、「行動量」を維持できることです。 短期間に複数の候補者を比較検討するには、それなりに出会いの母数が必要です。そのためにはある程度の行動量が必要になるのですが、1年も2年も継続すると疲れてしまいます。ゴールを明確に決めておくことで、「この期間だけだし！」と気持ちがラクになるので軽やかに駆け抜けられるのです。

ゴール設定と逆算で圧勝する

時間軸を視野に入れたゴール設定と、そこからの逆算も大切な視点です。ゴール設定とは、「あなたがいつまでにどうなりたいのか？」を決めること。具体的には、3年後、1年後にどうなっていたいのかを考えましょう。先ほど書き出した、理想の人生とライフスタイルを時系列に合わせて切り出していくのです。

たとえば子供が欲しいのかどうか、いつまでに結婚したいのか、今後の住まいはどこにしたいのかなどによってパートナーになる相手は変わります。お付き合いしてから相性を見て……という考え方も間違いではないのですが、結婚・子供・住まいについては大きく人生を左右する問題です。

こだわりが本心からまったくないなら良いのですが、根本的な価値観（そもそも結婚したくない、子供が欲しくない、必ず地元に帰って家を継ぐ必要があるなど）が食い違っていると、後からコミュニケーションですり合わせるのはかなり難易度が高いです。結果的に、女性が言い出せずに長期間悩むパターンも少なくありません。パートナーと話し合って2人の着地点を探すのは大前提ですが、最初から自分の希望を明確にして、そこに近しい男性を探す方針にすることで、婚活は圧倒的にスムーズになります。

また、ゴール設定をすると今すべきことも明確になります。

3年後……産休・育休を取得して第1子を出産する

1年後……優しいパートナーと入籍。○○エリアに引っ越して一緒に住みはじめる

というゴールを描いたとしたら、入籍～プロポーズ～交際期間を考えると、平均的な期間を目安とすると、6か月後にはプロポーズをされている必要があります。

プロポーズ前には交際期間が必要なので、スピード婚だとしても、少なくとも2～3か月以内には結婚を視野に入れた男性とのお付き合いをスタートする必要があります。

最初にゴール設定と逆算をすることは、ものごとへの柔軟さを失うこととは違います。

目指す方向とすべきことがクリアになることで、あなたを望むほうへと連れていってくれる頼もしい道しるべとなるのです。

ターゲットを絞れば最速で出会える

もしもあなたが最短ルートで最高のパートナーと出会いたいのなら、「どんな男性か」を具体化してターゲットを絞る必要性があります。

なぜならば、そうすることで出会える方法が明確になるから。

不思議なことに、ターゲットを絞るほどにその通りの男性がどんどん現れるようになります。**婚活塾の受講生さんからは、よく「30個以上ある理想の男性リストを完璧に満たした彼ができました！」「こんなに完璧に理想通りの彼ができるなんて……！」というご報告を受けます。**

そんなふうに驚くほどぴったりの男性が現れるのには、理由があるのです。

先ほどあなたが書き出した「理想のライフスタイル」「理想の男性リスト」。

これをひと工夫すればみるみる理想の男性と出会うための強力なヒントになります。その工夫とは……理想リストから、出会いたい男性のプロフィールを作成すること！

受講生さんの例（33歳・会社員）

理想のライフスタイル……都内の会社に近いところに住んでゆっくり朝食をとる生活がいい、港区か目黒区、田町・目黒の築浅2LDKマンション、土日休みのままで仕事は続けたい。正社員として年収500万円以上はキープする、月2回は美味しいものを一緒に食べに行く、年2回の国内旅行、ジムに通って健康維持。お互い自由なお金は持っていたい、子供はお互い欲しいと思えれば／パートナーの想定年収1000～1200万円

理想の男性リスト……一緒にいて気を使わず安心感がある、なんでも相談できる、同じ目線で物事を考えてくれる、仕事ができて一生懸命、車でいろいろなところに連れていってくれる、コーヒーが好き、辛いもの・お寿司が好き、家事を分担してくれる、笑いのツボが同じ、タバコを吸わない。

この情報から、30代の都心部在住の自営業（クリエイティブ系の業種・職種）で、趣味がありライフスタイル重視、コミュニケーション密度の高い男性をターゲットとして設定していました。その人物像を想定して行動した結果、すべての条件に当てはまるイケメン経営者さんと出会い、告白され真剣交際をスタートしています。

ターゲットはどこにいる？

ハイスペ男子総合研究所では、リサーチの結果ハイスペ男性を6分類にタイプ分けしています。それぞれ年齢・職業や趣味嗜好、出没エリア、出会える手段ごとの出現率もが違うので、ぜひ参考にしてみてくださいね（もちろん個人差はあります）。

ハイスペ男子図鑑①高収入サラリーマンタイプ

・20代〜40代
・外資系／商社／マスコミ／IT／金融／コンサル／そのほか上場企業など
・推定年収1000万円〜3000万円
・出没エリアは銀座／丸の内／麻布／六本木／恵比寿／渋谷／新宿など
・結婚相談所△／婚活パーティー○／街コン○／コンパに参加◎／友人からの紹介◎／お見合い△／婚活アプリ◎

学生時代から優秀で、高学歴。就活でも人気企業から余裕で内定が出て就職。比較的コミュニケーション能力も高くて、いわゆる「デキるビジネスマン」というタイプ。学生時代からモテてきた「出木杉くん」のようなタイプの男性と（こちらは少数派）、社会人になってから、コミュ力・年収・社会地位など後天的要素でモテるようになったタイプに分かれます。価値観や志向性は、所属している会社・業界により結構幅あり。仕事は忙しい業界が多いので、残業があり激務になりがち。ハイスペ男性の中では、キャリアアップなど上昇志向はあるけれど、他のタイプのハイスペ男性と比べると比較的安定志向。

ハイスペ男子図鑑②多忙な専門家タイプ

・30代～40代
・税理士／会計士／弁護士／医師
・推定年収1000万円～5000万円
・出没エリアは都内全域、丸の内・銀座あたりがやや多め
・結婚相談所○／婚活パーティー◎／街コン△／コンパに参加△／友人からの紹介○／お

見合い○／婚活アプリ◎

年収は病院や事務所などに勤務しているのか、自分で開業しているのかで大きく変わります。開業しているとリスクもある分、年収が上がる可能性が高くなります。両親や家系的に士業に就いている親族が多くてその流れで自分も……という男性も。実際の士業の男性のスケジュールを聞いていくとかなり忙しい男性が多いです！　職種的にクライアント対応をするのがメインの仕事なので、急な仕事が入ったり、長期休みが取りにくかったり。結婚後は子育て・家事は奥様が基本的にこなすご家庭が多め。お仕事へのプロフェッショナル意識も高く、真面目できちんとしていて、努力家の男性が多い印象です。

ハイスペ男子図鑑③イケイケ青年実業家タイプ

・20代～30代前半
・ＩＴ／ＷＥＢサービスそのほか
・推定年収１０００万円～1億円

・出没エリアは銀座／麻布／六本木など
・結婚相談所×／婚活パーティー×／街コン△／コンパに参加○／友人からの紹介○／お見合い×／婚活アプリ◎

自分で会社を興して成功した男性が多く、早い人だと学生時代から起業していたり、中には就職したことがなかったりする人も。ビジネスだけでなく金融投資にも積極的な男性が多い傾向です。スーツを着る必要がない生活スタイルなので、服装は基本的にカジュアル派が多め（ハイブランド派と、普段はこだわりがなくてユニクロ一択などの適当派に分かれます）。人生の早い段階からリスクをとって勝負しているので、とにかく決断力があります。即断即決が基本で、行動力もすごい。世の中の「ふつう」に迎合しないので、考え方もオリジナリティがあってスマート。学校の勉強だけでは測れない賢さを備えています（でも実は高学歴だったりもする）。合理性を追求した結果、結婚に意味を見出さない・結婚願望がない男性もいます。

ハイスペ男子図鑑④ネオ富裕層タイプ

・30代~40代
・自営業、投資家など
・推定年収1000万円~1億円
・出没エリアは銀座／麻布／六本木／日本全国・世界各地を飛び回っていることも
・結婚相談所×／婚活パーティー×／街コン△／コンパに参加△／友人からの紹介◎／お見合い×／婚活アプリ◎

大学を出て新卒で企業に入るものの、「このままじゃ先が見えてるな……って」「上司の年収を聞いて絶望して……」という理由で独立を志したというパターンの男性が多いです。会社員時代に副業でビジネスをはじめたり、本業と同時進行で投資家になったり。ある程度リスクヘッジもしながら挑戦して、着々と年収・資産を増やしてきたタイプ。ビジネスや投資のセンスも実力もあるけど、「会社を興してどこまでも大きくしよう！」という感じではないです。自分の実現したいライフスタイルがあって、お金はあくまで実現するためのツール。社会的地位や名誉よりも実利をとる、面倒だし有名になりたくない、という男性も多いです。そのためビジネス自体も、とにかく拡大路線というより「いかに仕組み化して効率よく稼ぐか」「自由な時間をどれだけつくれるか」を重視しています。ビジネス自体が目的なのではなく、あくまで手段。いわゆる熱烈社長というよりは、わりと自由人な気質の方が多めです。服装も、そこまでギラギラしていないので、ぱっと見ふつうの青年風だったりします。ただ、グルメな男性は多め！　人生の楽しみを追求したくて、お金を稼ぐタイプとも言えます。

ハイスペ男子図鑑⑤お金持ちおじさまタイプ

・40代以降
・経営者、投資家（不動産、金融）など
・推定年収3000万円～3億円
・出没エリアは、他タイプと同じ都内や城南エリア、地方都市の中心部、海外（移住）
・結婚相談所△／婚活パーティー×／街コン×／コンパに参加×／友人からの紹介◯／お見合い△／婚活アプリ◯

長く会社経営をしている。または投資家としても資産をしっかり築いた方々。経営者の方は会社の業績も安定していて時間も気持ちもゆとりがある方が多め。投資家では、不動産投資のみ、または不動産＋金融投資をしている方が多い傾向にあります。プライベートではゴルフや旅行などの趣味を楽しんでいたり、グルメな男性が多かったりする印象です。若い頃から独立していた男性もいますが、ある程度大きい会社に40代くらいまで勤めて、不動産投資をはじめて軌道に乗ってから退職、というパターンも（大企業に勤めていると不動産投資の際のローンも組みやすいので）。「ここからガンガン資産を増やすぞ！」「会社をどんどん大きくするぞ！」というより、すでにある程度満足しているので、現状を維持しながら緩やかな向上をさせていくという方が多い傾向です。ある意味、すでに描いていた成功を手にした方、とも言えるかも。比較的趣味人だったりもするので、服装に気を遣うおしゃれな方も多く、実年齢より見た目も若め。人間関係は経営者仲間とのお付き合いが多く普通の女性との出会いがなくて……と困っている方も。穏やかで、余裕のある男性が多い傾向です。

ハイスペ男子図鑑⑥億越え実業家タイプ

・30代～40代
・自営業（経営者）
・推定年収1億円円～10億円
・出没エリアは銀座／麻布／六本木／恵比寿など
・結婚相談所×／婚活パーティー×／街コン×／コンパに参加△／友人からの紹介◯／お見合い△／婚活アプリ◎

20代半ばから30歳すぎくらいで起業して、事業を軌道に乗せてきた経営者の方です。ビジネスの手腕があり、いわゆる王道の成功ルートを辿ってきた男性。創業社長だと、若い頃にお金で苦労していた男性も少なくないです。億越え実業家タイプの男性は、ビジネスの成功そのものに価値を感じる傾向があるので、ビジネスの拡大を数十年単位でビジョンを描き、上場を視野に入れている場合も。成長志向なので仕事は常に忙しくて、家庭人・趣味人というよりビジネスにバリバリ精を出すタイプ。夜は基本的に会食ばかり……という男性も。6タイプの中では、世の中の人の多くがイメージする成功した経営者、という感じです。パートナーは、内助の功タイプの家庭で尽くす女性か、共同経営者など旦那様をサポートしつつ一緒に戦うタイプが多いように感じます。

〔おまけ〕

もうひとつ、例外ではありますが恋人やデート相手が当てはまる方は、知っておいたほうがいい特殊タイプをご紹介しますね。

番外編・生まれがリッチなノーブルタイプ

・実家が資産家・由緒正しい家柄
・社長や士業の2代目
・結婚相談所△／婚活パーティー△／街コン△／コンパに参加○／友人からの紹介◎／お見合い◎／婚活アプリ○

例外的に、後天的な努力ではなくリッチな男性もいます。あくまで本人の特徴ではなく、生まれた家についての特徴です。各家庭の教育方針によって性格や稼ぎ方、お金の使い方が大きく変わります。ゆるりと現状維持のほか、帝王学で育てられた人は敏腕経営者に、甘やかされて育つといわゆるドラ息子に。

注意が必要なのは、結婚に進む時。向こうの家族や親戚からのお家柄チェックが入る場合が多いので注意です。「家柄が由緒正しくない／お茶、お華、着付けを習っていない／いわゆる普通のサラリーマン家系／土地を持ってない／バイトをしていた（学生時代）／家系の病歴」などを理由に破談になることも！　結婚を視野に入れてお付き合いする際は、相手のご両親に気に入られることも大事です。対策として「どんな家系&価値観の教育をされたか把握して彼の親ウケするポイントを探る」「間に合うものは趣味や習い事で取り入れる」などが挙げられます。また、子供の時のお年玉が3桁万円など、金銭感覚が一般人と違うことも多いこともあるので、知っておくと良いかも。

効率命！ 行動計画を立てる

どんな男性とどのように出会うかが決まったところで、実際の行動計画に落とし込んでいきましょう。行動計画とは、いつ何をするのかを決めること。3か月などの決められた期間で、どのタイミングに何をするのか、そのために必要な行動は何かを書き出しましょう。ハイスペ総研の婚活塾で進めるスケジュールを、参考までに書いておきますね。

1か月目：戦略を立て、自分を整え、出会いのきっかけをつくる期間
・フォーカシングやインナーチャイルドヒーリングで過去の傷を癒す
・「いらないルール」を見直し、今までと違う行動ができるように内面を整える
・理想のライフスタイル、パートナーシップ、男性リストを書き出す
・ターゲット像を設定してどうやって出会うか戦略を立てる
・ファッション、ヘアメイクを刷新してビジュアルの全面改革をする

・出会いの場に出向き出会いを増やす（パーティー参加やアプリ利用など）
・個別のデートアポをとる（期間中で12名以上、できれば20名以上）

2か月目：集中的に男性とデート！　できるだけたくさんの男性と会う期間
・お茶、食事、自己メンテナンスをバランスよくスケジューリングする
・次のデートアポに繋げて、継続的にデートする
・基本的に1～3回目のデートで告白されるようにコミュニケーションを磨く
・デートしながら理想の男性リストを見直し、更新する
・本音を100％出して男性と会い、コミュニケーションを取る

3か月目：いよいよ本命選定！。複数の候補者から本命を絞る期間
・複数のデート候補者の中から絞り込みをする
・優先順位の上位3人の男性と継続デートし、本命彼を選定する

さて、あなたはどんな行動計画を立てますか？

あなただけのリストを持って会いに行こう

先ほどの行動計画を実行に移すときに忘れないでほしいのが、デートしたら理想の男性リストに当てはまっているかをチェックすること！　そして、デートの際には会話の中でリストの項目を質問して、会話の中で確認していくことです。

特に人生観や恋愛観・結婚観などの深い部分の価値観に関する部分は、積極的に質問してお互いの理解を深めていきましょう。相手に好かれるために自分を偽ってデートすることほど、もったいないことはありません。リラックスして楽しみながら、自分と相手の心を探求する時間を過ごしてみてくださいね。

リストをもとに男性を選ぶという話をすると「そんなに機械的に選ぶのはちょっと……」「やっぱりピンとくる人がいい」「条件よりも自分の心のセンサーが反応して、ピンとくるかどうかが大事」という反応をされる女性もいます。その「ピンとくるセンサー」が必ずしも悪いとは言いません。ピンときた人とお付き合いして幸せになっている女性もいます。

でも……もしも今、その「ピンとくるセンサー」を採用して生きてきた結果、望みどおりの幸せな人生でないのなら。残念なお知らせですが、そのセンサーは壊れています！

正しく作動するセンサーなら使い続けてもいいのですが、壊れたセンターを無理して使い続けても、何もいいことはありません。今すぐそのセンサーは捨てましょう。

なぜかというと、「ピンとくるセンサー」は「いらないルール」に大きく影響されている場合が多いからです。「いい子でいないと愛されない、相手に合わせないと愛されない」というルールがある女性は、自分がいい子でいて相手に合わせるからこそ関係が成立する男性を無意識のうちに選んでしまいます。

たとえば不倫から抜け出せない女性は「我慢しないと愛されない」「自分の意見を言ったら愛されない」というルールを持っている場合が多い傾向です。だから、我慢することで関係が成立する相手を選んでしまったり、ピンときたりしてしまうのです。

今までと違う展開や最高の幸せを望むなら、今までの自分とは違う行動をするのが最短ルートです。採用するのはセンサーではなく、あなただけのリストです。

理想の男性と出会うのって、戦略の立て方さえわかればとても簡単なこと。ワクワク楽しみながら理想の人生を思い描いて、素敵な男性と出会いにいきましょう！

よくあるお悩み例

3

会ってすぐにホテルに誘われると、体目当てじゃないかと心配です。

ハイスペ男性の声

そういう男性もいるのかもしれないけれど、最初からそう思われるのは心外です。最初から警戒されてしまうと、そのさきの関係性を進めにくくなってしまう。

素敵だから誘われたとポジティブに受け取って、本当にナシじゃなければ、「もうちょっと仲良くなってからがいいな」とか、あなたの気持ちを話して優しく断ってくれると嬉しいです。

男も勇気を出して誘っているし、バサッと断られると結構傷つくこともあるから。

お悩み回答

ほとんどの男性は素敵な女性を誘いたいと思っています。あなたが素敵だから、誘われるのはむしろ通常運行です。

そのうえで、あなたがどうしたいのかを基準に決めればいいだけですよ。「体目当て」と決めつけていると男性の本心が見えなくなります。「断ったら怒られる」「断ったら嫌われる」という妄想は捨てましょう!（もう少し詳しい解説は181Pへ）

第4章

連戦連勝で数多くの男性から一人を選びましょうよ！

恋愛戦闘力を爆上げしよう

好きな人にだけ好かれたい女性がうまくいかないわけ

連戦連勝で素敵な男性に選ばれる女性には、特有のビジュアルとコミュニケーションがあります。この2つを磨いて恋愛戦闘力を爆上げし、モテ無双する方法を解説します。

婚活がうまくいく女性のスタンスは「みんな私のことが好き♫」、婚活で苦戦する女性のスタンスは「たった1人の好きな人にだけ好かれればいい」です。

好きな人にだけ好かれればいいという考え方は、一見すると謙虚で欲張りでなく、すぐに実現できそうに聞こえます。でも実はこの考え方が、あなたの婚活を一番難しくしてしまうのです。その理由は、2つあります。

1つめの理由は、「慣れ」の問題です。男性と出会ってコミュニケーションをとり、相手から好かれるというのに、ある種の慣れが必要です。たとえばあなたが営業の仕事をはじめた時に、はじめたてよりも2年・3年、10年とキャリアを重ねたほうがスキルが上がり、営業成績が上がりやすくなるはずです。それは、場数を踏んで引き出しが増え、慣れるからです。恋愛や婚活もコミュニケーションの一種なので、慣れと場数が勝負。「出会い～告白される」までを何回も経験することで、飛躍的に好きな人ともうまくいく確率が上がります。男性から選ばれることにも、慣れが必要なのです。

2つめの理由は、「タイミング」の問題です。好きな人にだけ好かれたい女性は、相手の男性を見定めてから好かれるための努力をしようとします。「どんな人なのかな？」「信用できる？」などなど、相手を観察しながら、自分の中のゴーサインが出るまでは関係が進展しないようにするのです。でもこれ、男女の特性からするとすごくもったいないのです！　好きになる時の熱量は、男性は出会い初期に一気に上がり、女性は緩やかに上昇します。女性からするとゆっくり相手を見定めたいところですが、関係を発展させるには、初期の男性の熱量の高さに乗っかることも必要（2人の関係はお付き合いしてからゆっくり育てればいいのです♡）。

逆にそのタイミングを逃して、男性がアプローチをあきらめてから女性が追いかけると、いまいち関係が進展しません。**ではどうしたらいいのかというと、「好きな人にだけ好かれる」というスタンスを変えること。**好きな人にだけ好かれるスタンスから、出会う男性みんなから好かれて当たり前、というスタンスに変えるのです。

全方位モテ無双モードに入ろう

出会う男性みんなから好かれて当たり前、という状態を「モテ無双モード」とハイスペ総研では呼んでいます。それこそ、本当にどんな女性も、敵無しのモテモテ状態になるからです。具体的には、10人デートしたら8人の男性に告白された、1週間で3人のハイスペ男性に告白された、5人の素敵な男性に結婚前提の交際申込をされた、デート相手に毎回ベタ褒めされる、などの報告が毎日のように受講生さんから届いています。それも、年齢は一切関係ナシ！

モテ無双モードに入るには、「全方位モテて当たり前」「出会った男性から選ばれて当たり前」という状態になることを決意することです。「もし可能ならモテたいな〜」という程度じゃダメです。「モテる！ しかも全方位モテ無双！」と決めてください。今、自宅にいる方は、ぜひ呟いてみて！（公共の場にいる方は心の中でね）。

受講生さんにお伝えしているのは、「新たに男性とデートしたら告白される」というのを工場のベルトコンベアのように再現できるようになってくださいね、ということ。デートしたら、頑張らなくても自動的に好かれて告白されるようになってしまうのです。目安としては、デートしたら8～9割の男性に告白される状態です。

この状態になると、婚活もデートもイージーモードになります。新たに人と出会うのは少なからず体力・気力を奪われるものですが、「嫌われないようにしなきゃ」という不安や「また好かれなかったらどうしよう」という怯えがないだけでも、かなり心がラクになるものです。そのうえで男性からベタ褒めされ、素敵なデートに連れていってもらい、告白される……となると、婚活すること自体が楽しくなってきます。

このようなモテ無双モードに入ったら、もう勝ったも同然です。素敵な男性と出会うためにも、楽しみながら婚活をするためにも、モテ無双モードになることが必要なのです。ちなみに受講生さんの中には、「人生で今が一番モテてるし、楽しすぎてもう少し婚活してたい！」という方もいるくらい。「ゴールを忘れないでくださいね！」と、たまに嗜めています。

甲子園に出るのは地方予選で勝ってから

もしも今、あなたの目の前に高校球児が現れて「甲子園で優勝したいんですけど、地方予選には出たくないんですよね～、どうしたらいいですか？」と相談されたら、なんと答えますか？　おそらく、あなたは内心こう思うはずです。「いや、地方予選出ろよ！」と。「あんまりいいなと思える男性と出会えなくて。もっといい人がいたらやる気出るんですけど」。そんなふうに考えている女性は、甲子園に出たいのに地方予選に出たくない高校球児と一緒です。甲子園で勝つのは、地方予選で勝ってからなんです。

よっぽど特殊な好みの女性でもない限り、あなたが素敵だと感じる男性は、ほかの女性も狙っています。つまり、競争率が高いのです。ちなみにいわゆるイケメン・高身長・高年収という男性でなくても、大きな欠点がなくて普通にいい人そう……という男性は十分に競争率が高いです。そんなに理想が高いつもりがなくても、普通にいいなと感じる男性と出会って選ばれ、お付き合いすることは甲子園に行くようなものだと理解してくださいね。

なぜ甲子園に行くことを提唱するのかというと、たくさんの候補者の中からあなたにとってのベストパートナーを選ぶため。選ぶために、まず選ばれるのです。

そんな環境の中、モテ無双モードに入って、素敵な男性にも余裕で選ばれるためには「恋愛戦闘力」を上げる必要があります。恋愛戦闘力とは一言で言うと、「男性から選ばれる力」です。出会い初期においては男性のほうが先に熱量が上がりやすいため、「まず男性に選ばれる」という状態を実現することがその後の展開をスムーズにするコツです。そのためのわかりやすい指標が、恋愛戦闘力なのです。

恋愛戦闘力が上がると、出会う男性のレベルがわかりやすく上がります。単純にハイスペックな男性になっていくということだけでなく（もちろんそれもありますが）、あなた好みの男性に不思議と出会えるようになっていくのです。

地方予選で勝てない野球チームが、甲子園で勝てるわけがありません。素敵な男性と出会って結ばれたい女性ほど、全方位でモテていく必要があるのです。

恋愛戦闘力＝ビジュアル×コミュニケーション

恋愛戦闘力は「ビジュアル」「コミュニケーション」の2つの要素で構成されています。どちらかだけだと、出会い～本命パートナーまでの道を駆け上がることが難しいので、この2つを両方とも高めることが大事です。「どうせ私は……」という悩みを抱えている女性は、まずビジュアルを徹底的に磨きながら、「どうせ」という言葉を使ってしまうマインドとコミュニケーションを変えてください。表面化している悩みは、ビジュアルとコミュニケーションの両方に関わっていることが多いのです。

ビジュアル

・バランスのとれた体型（お洋服のサイズなら11号はギリギリ、13号はアウトです）
・ツヤのある痛んでいない髪、きめ細かい美しい肌、姿勢の良さ
・体型に合ったジャストサイズの洋服をTPOに合わせて着こなしている

・顔立ちや雰囲気に合ったヘアメイク（一度は必ずプロに習いましょう）
・透ける素材やノースリーブなど、適度に女性らしいボディラインがわかるファッション
・明るいトーンの色を基調とした華やかで上品なファッション
・バッグは小さめのハンドバッグが基本で、荷物は少なめ
・靴はヒール７㎝以上のパンプスで、踵が削れていたり汚れのないもの

コミュニケーション

・姿勢良く笑顔で、あいづちを打ちながら話を聞く
・好かれるために自分を偽るのでなく、１００％自分の感じたことを伝える
・気になったことはその場ですぐ聞く
・感謝は何度でも伝える、気づいたことがあればライトにすぐ褒める
・相手の話をきちんと聞く（相手が話している時に回答を考えない、まず聞く）
・相手の現状だけでなく、過去、未来にも興味を持ち質問する
・勝手に相手の意図を妄想して自己完結しない、相手に聞く
・お互いにその場を楽しむ姿勢を忘れない（一方的に楽しませてもらう姿勢はＮＧ）

アラフォー以上のビジュアルの落とし穴

アラフォー・アラフィフの受講生さんの「モテ無双」をお手伝いしてきて感じるのが、アラフォー以上の女性は、ビジュアル面で落とし穴にハマりやすいということ！　そのポイントを変えるだけで劇的にモテるようになるので、ぜひすぐにテコ入れしましょう。受講生さんはこの2つのポイントを変えて、50代でも10人以上の男性に告白されたり、年下男性からもモテまくっています。

落とし穴①いつものパターンが更新されない

気づけば何年も同じヘアメイクをしていたり、5年・10年前に買った洋服をそのまま着続けたりしていませんか？　トレンドの変化はもちろん、あなた自身の顔や表情・雰囲気も時の流れとともに変化しています。5年前に似合っていたメイクは、今のあなたの美しさを最高に引き出すものではないかもしれません。定期的にプロからヘアメイクを習ったり、ヘアスタイルやファッションの提案を受けたりして、ベストな状態を探求するマインドを忘れずに。プロの手も借りて、新しいあなたの魅力に出会いましょ！

落とし穴②エイジングによる変化に対応していない

年齢を重ねると、肌質や髪質、体型や表情も変化します。その変化に合わせて美をアップデートできていないと、だんだんと「ダメじゃないけどなんだかイマイチ」な状態に。何百万円もかけて美容整形しましょうね、という意味ではなく、その年齢に合ったケアやお手入れを重ねて「そのとき一番美しい状態」を維持しましょう。

たとえば、髪のツヤも年齢とともに失われていきます。自宅でのヘアケアやサロンケアでの見直し、ストレートヘアでも必ずアイロンで艶を出すなどの工夫が必要です。目の周りのくすみや色素沈着がある場合は、ブラウンのアイシャドウよりもライトな色味のものがおすすめ。また、体型や肌の質感も変わっていくので、洋服のクオリティがそのまま着こなしに反映されます。20代の頃はプチプラファッションでもそれなりに見栄えがしますが、30代以降は丁寧な縫製とカッティング、上質な生地の洋服の力を借りることが大切です。大人の女性の魅力は、自分を知ることとメンテナンスで大きく開花します。

一瞬で恋に落とすコミュニケーション

1〜3回目のデートで告白される率96％の婚活塾受講生さんにアドバイスしている、デートでのコミュニケーションのコツ。それは……リアクション力と質問力を上げること。第一印象や掴みはビジュアルだけれど、それだけじゃ相手の心は掴めない。一瞬で男性のハートをキュンとさせて、一気に関係を進展させてしまいましょ！

リアクション力

まず大切なのが、基本的なコミュニケーションの姿勢。「笑顔・姿勢・あいづち」ができているのが大前提です。セミナーなどでお話しすると、8割近い女性の姿勢が良くないのでもったいない！　猫背や巻き肩は、だらしなく・やる気がなく・相手の話に興味がないように見えます。24時間365日、無意識でも良い姿勢を保ち続けられるようにして、笑顔とあいづちを欠かさず会話をしましょう（それだけでも男性の反応は大きく変わります）。

そのうえで、きちんと「楽しい・嬉しい・おもしろい」などの感情を素直に表現すること。**リアクションは、相手から好かれるための行動ではなく、共有している時間をより相手と楽しむためにするもの。**そして、相手が話しやすくなるようにする気遣いでもあります。デートの時だけ気をつけてもボロが出るので、普段の生活から「楽しい・嬉しい・おもしろい」を発見して表現できる達人になりましょう。「一緒にいるだけで楽しい、時間があっという間」と言われるようになりますよ！

質問力

デート中の会話が一問一答式になってしまったり、「誰とデートしてもつまらない」と感じたりしてしまう女性は、質問力を鍛える必要があります。話が盛り上がる質問は、5W1H（誰が、いつ、どこで、何を、なぜ、どのように）のうち「なぜ」「どのように」の2つ。その2つを意識して聞くと、深い話ができて相手の価値観や思考に触れられます。どんな男性とも1テーマで30分以上話が盛り上がるようにできれば、あなたの質問力は名人レベル！　相手の素敵なところ、コアな価値観をたくさん発掘できる女性になりましょ！

モテるにはまず○○の筋トレ

なんだか素敵だな、綺麗だな、と男性がつい思ってしまう女性には、とある共通点があります。それは……口角が常に上がっていること！

現代社会は、気づくと口角が下がってしまうシーンがたくさん。デスクワークのお仕事をしていると、モニターに向かう自分の表情には気を配らなくなってしまいがち。連絡もメールやチャットが多く、表情を動かさなくても仕事上のコミュニケーションができてしまう。口角を上げるにも筋力が必要なので、普段から意識していないとだんだん筋力は弱っていきます。口角を上げる筋肉が弱っていると、気づけばデート中も口角が下がってへの字口・真顔になっているという悲しい事件が起こります！

表情は習慣と筋力なので、まずは24時間365日、口角を上げて筋力を鍛えましょう。

いつも微笑んでいるような表情が美しく、40代でも常に男性からモテモテでパートナーにも愛されている女性に聞いたところ、「24時間いつでも口角を上げるように意識しているし、常に良い姿勢で腹筋に力を入れて生きてるよ♫」という回答が。やはり表情の美しさは日々の積み重ねなのだなぁと実感しました。

そして、笑顔をつくる筋肉にも種類があるのをご存知でしたか？　人が笑顔をつくる時に使う筋肉は2種類あります。ひとつは、「笑筋」という筋肉で、口を横方向に引っ張る働きをします。この筋肉を使うと「イー」と口を横に広げたような笑顔になり、美しい表情にはなりません。口角を上げて綺麗な笑顔をつくるには、もうひとつの筋肉「大頬骨筋」を使いましょう。口角を上方向に引き上げる働きをする筋肉なので、そちらを意識して使うとアナウンサーや女優さんのような美しい笑顔になります。24時間口角を上げて、大頬骨筋の筋トレをして表情美人になりましょう。

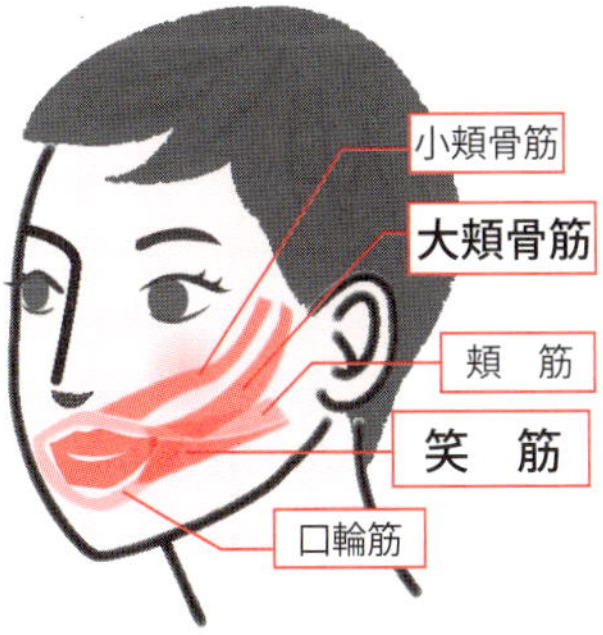

ハイスペ男性に調査！ 思わずキュンとするリアクション5選

①目を見て話を聞いてくれる…こちらが話している時や、会話が途切れた時、ずっと目を見てくれているとドキッとする。目が合った時に「ニコッ」と微笑まれると、つい心が動いてしまうかも（30代／経営者／年収2000万円）。

②些細なことでも喜んでくれる…女性の好みに合わせてデートの提案や、お店の予約をした時に、「ありがとう！」「嬉しいー！」って喜んでもらえると、提案して良かったなって思うし、もっと喜ばせたいと自然と思う（30代／投資家・経営者／年収5000万円）。

③ギャップを見せてくれる…普段どこか頼りない印象の可愛い女性が、仕事の話で急に知的な一面を見せたり、カジュアルな服装が多い女性がドレスアップしてきたり、クールに見える女性が映画を見て泣いていたり、意外な一面やギャップが見えると興味がわく。も

っと知りたいなって思う（20代／会社員／年収1200万円）。

④頼ってくれる…重いものを持つとか、仕事の相談にのるとか、本当にちょっとしたことでいいけれど、頼ってもらえると大事にしたいって思える。さらにその時にきちんと感謝してもらえると、こちらも満たされるし、またすぐに会いたくなる（20代／経営者／年収3000万円）。

⑤そのままを受け入れてくれる…何かに対する意見を言った時に、「私もそう思う！」ってYESマンになるでもなく、「私はそう思わない」って戦うわけでもなく、「そう思うんだね」ってそのまま受け入れてくれると、この女性にはなんでも話せると思う。やっぱりそういう女性とずっと一緒にいたいと思う（40代／投資家／年収8000万円）。

質問力で相手の熱愛温度をぐっと上げる

質問上手は、恋愛上手です。男性のコアな部分を理解して信頼関係をぐぐっと深めることもできるし、一気に恋愛スイッチをＯＮにすることも可能。質問を使いこなして、男性を夢中にさせちゃいましょう！

仕事観や人生観を知る質問

「どうして今の仕事を選んだの？」「どうして起業しようと思ったの？」と、仕事を選んだ理由について聞いてみましょう。男性にとって仕事は人生の大きな部分を占める要素。その動機や選択基準を聞くことで、彼が大切にしているものを知ることができます。

恋愛観やパートナー観を知る質問

「彼女にするなら（結婚するなら）どんなパートナーがいいの？」「されたいことと、されたくないことは何？」と聞いてみましょう。「どんな女性がタイプ？」と聞くよりも、その男性の深い望みを知ることができます。さらに、「なぜそう思うのか？」も聞くと彼の本音や過去の経験がわかります。

男性の恋愛スイッチをONにする質問

デートの時に男性に褒められたら、「好きになっちゃった？」と聞き返してみましょう。男性もドキッとしますし、2人の関係が進展しやすくなります。

男性をドキッとさせる質問

ふとした時に「どうしてそんなに優しいの？」「どうしてそんなにかっこいいの？」と笑顔で聞いてみましょう。褒め言葉として受け取って男性が照れることもあるし、答えによっては男性の気持ちや価値観がわかるかも。

顔色をうかがうほどモテなくなる

ハイスペ男性から時折聞くお悩みに「どの女性と会っても、みんな同じに見えてつまらない」「好かれようと媚びているのが透けて見えると、ガッカリする」というものがあります。

イケメンで仕事もできてスマートな彼らに、好かれようとして顔色をうかがう女性はとっても多いそうです。

本音を隠して好かれそうなことを言ったり、ダメな部分を隠して自分をよく見せようとしたり、反応をうかがいながら言うことを決めたり。でも……そんな女性たちを前にして彼らが思うことは「なんかつまらない……」「振り向かせようって燃えない」だそうで。

男性は狩猟本能が強く、追いたい生き物です。素敵な男性ほどそんな「好かれたくて顔色をうかがう女性」は日々たくさん寄ってきます。せっかく狩りに出たのに、獲物を見つけて狙う前に、獲物のほうから勝手にぞろぞろ集まってきて、狩りやすいように横たわって、目の前に行列をつくって待機しているようなもの。想像してみてください、ものすごくつまらないですよね？

この本を読んでいるあなたは、目の前で狩られるのを待機している獲物になってはいけません。素敵な男性が全力で追いかけたくなるような存在にならないと！

そのために必要なのは、駆け引きをすることではありません。シンプルに、男性の顔色をうかがって迎合するのをやめるだけ。相手の価値観にすべて合わせるように自分のことを話したり、無理にすべてを称賛しようとしたりしなくていいんです。好きなものは好き、苦手はものは苦手。自分に嘘をついて良い子でいる必要なんてありません。どんな時もあなた自身でいて、本音で振る舞いましょう。

仕事ができる男性は、コミュニケーション能力と本音を感じ取る力に秀でています。好かれるために小さな嘘をついて自分を偽っている女性には、違和感を抱きます。**

だから本音のままで生きれば、素敵な男性に愛されるようになるのです。

初回デートから本命ルートを爆走せよ

セカンドになったり遊び相手になったりすることなく、最初から本命パートナー街道を爆走できる方法があります。それをマスターすれば男性の本気度がぐぐっと上がり、本命パートナー候補の女性として熱烈アプローチをされたり、初回デートから結婚前提の交際申込を受けることも当たり前になります。

そのために必要なのは……フルスイングのコミュニケーション！ 相手の顔色をうかがったり好かれようと迎合したりせずに、本音で男性と接することです。前項でも申し上げましたが、100％本音で男性と接することで、素敵な男性ほどあなたに惹かれるようになるのです。

特にハイスペ男性は、女性のパートナーがいることでのメリットは「精神的な満足度」のみと言っても過言ではありません。経済的にも自身の稼ぎだけで好きなように暮らせるし、家事（炊事・洗濯・掃除）も外注すればいくらでも快適に暮らせます。昔の日本のように、既婚者でないと出世できないという風潮もなくなりました。結婚や同棲に現実的なメリットはほとんどなく、基本的には精神的な充足や安らぎを満たすためのものとなりました。家族をつくるために一般的な方法ではあるけれど、結婚は必需品ではなく嗜好品なのです。

精神的な充足を満たすものは、コミュニケーションによる相互理解です（とあるイケメン経営者さんにヒアリングした際も、本命彼女を選ぶポイントとしてコミュニケーション力を挙げていました）。そして、**男性との愛情に満ちた関係を構築するのは、日本特有の「察する」コミュニケーションではありません。察することでほとんどのコミュニケーションを賄おうとするのは、一番遠回りな方法です。**まずは、相手に聞くこと。そして、同時に勇気を持って自分の本音を100%伝えること。男性が長い時間を共に過ごそうと思うのは、お互いに心を開いて信頼関係と幸せを積み上げられる女性です。

そのためには、まず自分から勇気を出してフルスイングしてみてくださいね！

モテ無双に必要なのは磨かれたビジュアルと、フルスイングで男性と向き合うコミュニケーションです。最後の章では、いよいよお付き合いがスタートしてからの秘策をお伝えします。彼の愛情レベルが高まり続ける関係構築をマスターしましょう！

よくあるお悩み例

4

デートで安い居酒屋に連れていかれます。もっと良いお店に連れていってほしいのですが……。

ハイスペ男性の声

デートに着てきてくれる格好にもよります。

背中の空いた綺麗なドレスを着た人を、さすがに居酒屋に連れていけません。

逆にカジュアルな格好の人や、香水がきつい人、味がわからなそうな人は、良いお店に連れていけないかも。基本は相手に合わせます。

そもそもあなたが居酒屋しか連れていかないような男が嫌なら、そういった人を選ばなくてもいいのではないでしょうか。

お悩み回答

「連れていかれます」と言っても、手錠をつけて連行されるわけではないですよね？　嫌だったら嫌だって伝えればいいし、本当に不快な場所なら帰ればいいだけです。その扱いを許しているのは、あなた自身です。

そして、あなたがどんなお店にデートで行きたいのかを、男性にきちんと伝えていますか？　男性はエスパーではないので、黙っていたらあなたの望みはわかりません。

また、自分自身にお金を使っていないのに、他人に使ってもらおうと思うのは難しいです。服装、美容、振る舞いなど、まずは自分にお金や手間をかけてあげましょうね。

第5章

理想の男性が“私中毒”になる愛され人生へ

男性心理とフルスイングのコミュニケーションをマスターする

知らないと損をする男性と女性の違い

お付き合いするまでは、あくまで幸せな愛され人生の序章。男性から「もう君なしではいられない！」と熱愛され続ける女性だけが持っている、コミュニケーション術とマインド。この2つをマスターして永遠の愛され体質になりましょう。

男性はヒーロー願望が強い生き物です。レンジャーものやヒーロー映画の主人公というと、どんなイメージが浮かびますか？　強い、ピンチを乗り越える、敵を倒す、人を助ける、かっこいい……そんな人物像が浮かびますよね。「能力や努力で敵・困難に打ち勝つ」「人の役に立つ」という要素でヒーローは構成されています。ヒロインと結ばれるのは、あくまでサイドストーリーであり、結果論です。

一方で、女性が昔から見ていたプリンセス映画は真逆（最近のプリンセス映画は、主人公の女性キャラクターが自力で道を切り開く描写も増えてきました）。プリンセスは活躍するから選ばれるのではありません。出会い、愛情を育み、結ばれるというストーリーがメインです。社会で刷り込まれた価値観やジェンダーの問題はあるにせよ、無意識に共感するストーリーがまったく違うのです。

男性は女性から選ばれて愛されること単体では自身の価値を感じにくいため、「強いから」「役に立つから」「必要とされるから」という理由とセットで愛されてはじめて、心から喜びを感じられます。**男性がもっとも心を動かされるのは、ヒーローであるという実感とセットの愛情なのです。感謝＋愛情であるとも言い換えられます。**

女性は気にかけてもらったり、ケアされることに愛情を感じたり満たされます。男性と女性では愛情の感じ方や満たされ方がまったく違うのです。

周りの女性を観察していても、ハイスペ男性からモテて、パートナーから愛されている女性は、男性をヒーローにするのがとっても上手！　それは、しょっちゅう悩みを相談したり困ってみせるということではありません。男性の行動に対して、感謝できるポイントを見つけて喜びを伝える回数が多くて、少しオーバーなくらいにわかりやすく伝えているのです。彼の「ヒーローポイント」をたくさん発掘できる女性は、ずっと大切にされ続けます。

男性が死んでもされたくないこと

男性の心が一気に折れたり、どうしようもなく傷ついてしまったりすることが2つあります。それは、**女性から「心配されること」「加害者にされること」です。好きな女性のヒーローでありたい男性は、常に頼れる存在でありたいと思っています。この2つは、そんな男性の気持ちを大きく損ねてしまうのです。**

心配をされると、男性は信頼されていないように感じてしまいます。「今日の仕事うまくいきそう？」「転職は難しいんじゃない？」「起業したいって言っているけど、本当に大丈夫なの？」など、女性は何気なく言ってしまうけれど、男性には少し違う意味で伝わってしまいます。能力がない、あなたには無理、あなたにはできない、というふうに受け取ってしまうのです。

女性は心配されると喜ぶことが多いけれど、男性は真逆です。ヒーロー映画の主人公も、ヒロインから何度も何度も「ラスボスには勝てないいんじゃない？」と心配されたりしないですよね？　もしも聞かれることはあっても、ピンチを盛り上げるための一言だけ。日常的に心配をされると、男性はエネルギーを奪われてしまうので、心配せず信頼して過ごしましょう。

加害者にされることも、男性がもっとも嫌がることの1つです。**具体的には、女性が被害者ポジションを取ってコミュニケーションを取ってしまうことです。**「あなたが○○だから△△になった」「あの時○○された」「こう言われたから○○したのに」という口癖がある方は要注意。「○○された」「○○られた」という表現を日常的に使う女性は、無意識のうちに相手を加害者にして、自分を被害者にする癖がついています。自分の希望を伝えないまま、相手が思う通りの言動でないとイライラしてしまうのです。

本当はヒーローでいたいのに、加害者にされてしまうと男性はすごくストレスを抱えてしまいます。もしその癖がある方は、「男性は優しい」という前提で、いいところや優しいところを探す癖をつけてみてくださいね。

察する機能は男性に付いていない

よく言われていることですが、男性には本当に察する機能が付いていません！　この話を聞いたことはあっても、どのレベルで察することが出来ないのかを理解している女性は少ないように感じます。ハイスペ総研のリサーチの中で、実際に男性経営者さんが言っていた例え話をご紹介しますね。

「男は本当に察する機能が付いてなんだよね。もうね、無理なの。どんなに頑張っても女性みたいに色々察することができないんだよ」

「例えるなら、察する能力が人間と神くらい違う。普通の女性の察する力を10とすると、普通の男は1くらい。で、すごく仕事ができて気がきく男でも2〜3が限界」

「女性と話していると、目が100個くらい付いてるのかと思うことがあるよ」

そう、男女の察する能力はそれくらい違うのです！　だから、察することを期待してイライラもやもやするくらいなら、さっさと言ってしまったほうが早いしスムーズ。男性が察する能力を身に付けるのを待つよりも、女性側が伝える能力を育てたほうが早いのです。

男性が女性よりも劣っているというわけではなく、単純に得意領域の違いです。男性の能力は基本的に仕事に比重をおいて発揮されることが多いので、仕事ではものすごく細かいことまで気がまわる男性でも、プライベートではその機能をオフにしています。一方で女性は、仕事でもプライベートでも常に同じ情報量を周囲から読み取っています。ものすごく優秀な経営者さんやバリバリ働いている男性ほど、プライベートではオフモードになりたいものなので、理解して接するとお互いストレスがないです。

たとえば、「仕事が忙しくて、ちょっと最近疲れているかも」と男性に言っても、そこから状況を読み取って提案をしてくれる男性は稀です。「ちょっと最近疲れているから、明日のデートは半日じゃなくて夜の食事だけにできると嬉しいな」「たくさん歩くのがちょっときついから、映画デートにしない？」など、具体的な希望を男性に伝えましょう。

そのほうが、より良い関係が築けます。

男性に伝わる言い方5選

男性に伝える時は、「具体的に」「相手を加害者でなくヒーローにする」という2つのポイントを押さえるのが大切です。文例をお伝えしますね！

×「デートの食事？　うん、なんでもいいよ～」
○「和食かお鮨がいい、おいしいお魚が食べたいな！」
↓ノーヒントで相手を満足させるのは無理ゲーです。具体的な希望を伝えましょう。

×「今週の日曜、外でデートするのはちょっと体調的に厳しいかも」
○「実はちょっと無理しすぎちゃって、日曜のデートはお家デートだと嬉しいな」
↓嫌なほう・難しいほうを伝えるのではなく自分が嬉しいほうを伝えましょう。

×「どうしてLINEをくれないの？」
○「○○くんとLINEしていると癒されるから、また夜に連絡くれたら嬉しいな」
↓責めるような言い方だと「怒っていること」は伝わっても、連絡が欲しいというあなたの希望はストレートに伝わりません。本当に望んでいることを伝えましょう。

×「誕生日プレゼントは、何か身に付けられるものがいいかな」
○「誕生日プレゼント、嬉しい！　ありがとう。ティファニーのリングが可愛いから好きなの、今度のデートの時に一緒に見にいってくれる？」
↓具体的な情報なしで女性が完璧に喜ぶプレゼント選びができる男性は、ほぼいません。喜びながらも、具体的なリクエストをすると男性も楽です。

×「なんでそんなに毎日仕事が忙しいの？」
○「いつもお仕事お疲れさま！　最近一緒にいられなくてちょっと寂しかったの」
↓前者の言い方だと、仕事の様子を知りたいのだと受け取ってしまいます。寂しいならそのようにストレートに言いましょう。

愛され度右肩上がりのコミュニケーション術

　男性がどんどん愛さずにはいられない女性のコミュニケーションには、特徴があります。「具体的に」「男性をヒーローにする」という言い方をマスターしたうえで、とある2つのポイントを意識するだけで、男性は時間が経つほどあなたを愛して、あなたナシではいられない「私中毒」の状態に。その2つとは「受け取り上手」「喜び上手」になることです。

　受け取り上手の女性は、男性の言葉や行為・行動を受け取るのがプロ級！　普段から褒められたら「ありがとう、嬉しい！」とにっこり笑顔で受け取るし、**なんならちゃっかり「もっと褒めて♫」と追加オーダーしたりします。**褒め言葉は、プレゼントのようなもの。せっかく選んだプレゼントを相手に拒否されたら、誰だって悲しいですよね？　褒め言葉を受け取ることは、相手への思いやりでもあるのです。万が一、謙遜せずに受け取ったことを誰かにとやかく言われたとして、そんな性格の悪い人にどう思われても、困ることなどひとつもありませんのでご安心を。

さらに、男性がしてくれたこと・言ってくれたことを、申し訳ないなと思わずにそのまま素直に受け取りましょう。だって、男性はあなたの笑顔が見たくて頑張っているのですから！（「感謝したくても全然私が喜ぶようなことをしてくれない！」と感じる女性は、前ページを参考に「伝え上手」になりましょう。彼がどんどん敏腕パートナーに変化します）

喜び上手の女性は、毎日のささやかなことでも心から嬉しそうに喜びます。彼がドアを開けてくれた、コンビニでコーヒーを買ってきてくれた、新しいヘアスタイルを褒めてくれた、車で送ってくれた、美味しいお店を探して予約してくれた、などなど。男性はあなたに尽くしたいのではなく、喜ばせたいのです。

受け取り上手、喜び上手になることは、無理やり感謝を口にすることではありません。彼の言動の背景にある優しさや労力に対しての想像力を持つこと。その手間や時間を想像して、その愛情を受け取れるようになると、右肩上がりで愛されるようになります。

彼との幸せを一瞬で破壊する思い込み

せっかく素敵な彼とお付き合いしても、その幸せを自ら壊してしまう思い込みがあります。**それは……「どうせ私は愛されない」という思い込みです。**

重いからと振られてしまう女性は、愛情が強すぎるのではありません。

相手の愛情を信じられなくて、常に疑いの気持ちから行動してしまい、彼の愛情が枯渇するまで疑い続け、試し続けてしまうのです。

たとえば、よくある事実と思い込みだと……。

事実：彼に昨晩ＬＩＮＥを送り、翌日の昼に未読のまま

思い込み：いつもすぐ既読になるのに、もしかしてもう冷めちゃった？　この間のデートで私が言ったことが嫌だったのかな。そう言えばいつもより反応が薄かった気がする……。

↓単純に仕事が忙しいのかもしれないし、体調を崩しているだけかもしれません。思い

込みの部分はすべて妄想に過ぎません。

事実：お付き合いしてから2回目のデートでお泊りに誘われた

思い込み：こんなに早く体の関係を持とうとするなんて、遊びなのかな。軽い女だと思われているのかな。付き合おうって言ってくれたけど、体目当てなのかな？

→単純に彼がお泊まりに誘っただけ、どうするかはあなたの意思で決めればいいだけです。体目当て、軽いと思われている、に関する情報は1つもありません。

事実をもとに考えているようで、実は「どうせ愛されない」という思い込みに対しての証拠探しをしてしまっているのです。強固な思い込みで決めつけてしまえば、どんな出来事も愛されていない証拠になってしまいます。刑事ドラマにあるような、最初から犯人と決めつけて冤罪を生むような強引なことをしているのだと気づきましょう。

どんなに愛情を注いでも、常に証拠を集めては疑われてしまう状態を、長く続けられるような男性はいません。なぜなら、その証拠集めは永遠に終わらないからです。「どうせ私は愛されない」という思い込みを手放して、そのままの幸せを受け取り続けましょう。

どうせ愛されない設定から、私は女神設定へ

最高の幸せを更新し続けるためにすべきことは、「どうせ私は愛されない」から、「どうせ私は愛されている」に思い込み＝初期設定を書き換えることです。そのためのステップは3つあります。

①その思い込みをつくった過去を癒すこと

どうせ愛されないという思い込みを持つに至った原因が、必ず過去に存在します。フォーカシング・インナーチャイルドヒーリングを継続して行って、「愛されなかった」という悲しみを癒していきましょう。

②誰よりも自分が自分を愛すること

最小単位の人間関係は、自己との関係性です。あなたは、あなた自身を心から愛せてい

ますか？　自分自身の中に満たされない思いがあると、他人に過度に愛情を求めたり、期待し過ぎたりしてしまいます。その結果、期待通りにならず「愛されていない」と感じてしまうのです。愛されていると感じる行動は、人によって違います。優しい言葉をかけることや、じっくり話を聞くこと、体を休めることも愛情です。あなた自身が自分を愛するプロになりましょう。

③私は愛されている、私は女神設定に書き換えること

どんなことも「私はどうせ愛されている」「私は生きているだけで社会貢献」「私は女神のようにいるだけでいい存在」という前提で受け取っていきましょう。愛されているという証拠をどんどん集めるのです。何度も繰り返し言い聞かせて、根気強くその証拠を集めていくと、気づけば設定が書き換わっていきます。

この本を開いてくださっているあなたには、素晴らしい個性があって、強さも弱さもそのすべてが輝く魅力で、生きているだけで素晴らしい存在です。あなたが女神であることを、愛されて当たり前の存在であることを、どうか思い出してくださいね。

愛されて幸せになるしかない人生へ

ここまで読み進めてくださったあなたには、もう愛されて幸せになる人生しか待っていません。

なぜなら、心から安心できて幸福な、愛情に満ち溢れた人生はあなたの手で必ずつくり出せるからです。

今あなたがどんな環境にあろうと、過去の人生がどうであろうと、それだけは紛れもない真実です。

「愛されたい」と願う女性の話を聞いていくと、心の一番深いところに潜んでいる本質的な願望は「私に愛されたい」「私に認められたい」ということだったりします。

誰よりも、自分に認められたかった。誰よりも、自分に愛されたかった。その願いの対象者がいつしか親になり、社会になり、男性になっていったのです。

愛されて幸せになる人生は、あなた自身との関係からスタートできます。あなたはどんな女性で、何を求めていて、どんな時に何を感じるのか。世界でただ1人の最愛の人として、自分を愛するプロになるのです。自己理解をし、望んでいることを叶える、愛情を注ぎ続ける。それができるようになったあなたは、いつしか幸せと愛情を無限に生み出せるようになっていきます。

そして気づけばそれが派生して、あなたがあなたを大事にするように周りから愛され大切にされて、あなたと同じようにあなたを愛してくれる男性が現れるのです。男性からの愛情を受け取れるようになったあなたには、想像もつかなかったような幸せと愛情が溢れるほどに注ぎ込まれます。いつしか、イメージすらしなかったような素晴らしい未来に辿りつき、溢れる涙とともに幸せに包まれるのです。

自分を愛し、そして男性から愛され、世界からも愛される人生。これからあなたが生きていくのは、そんな奇跡のように素晴らしい人生です。

よくあるお悩み例

5

彼が何を考えているかわかりません。彼は私のことをどう思っているのでしょうか？

ハイスペ男性の声

彼があなたをどう思ってるかは、彼にしかわかりません。男って自分が考えていることを女性に説明するのが苦手だし、そもそも何も考えてないことも多々あります。

とにかく、彼に聞いてみてください。聞かれたら彼もきちんと考えるし、答えると思います。

お悩み回答

彼がどう思っているか、どれだけ自分の中で考えても、彼以外の人に相談しても、絶対に正解なんてわかりません。

占いに頼ったり、友達に聞いたりするよりもシンプルに彼に聞きましょう！　悩んでいる時間がもったいないですよ。

まず彼を信じる気持ちからスタートしましょう。

エピローグ

自分史上最高の人生を生きよう

パスポートはすぐそこにある！

ハイスペ男子総合研究所で研究してきたノウハウをお伝えして、たくさんの女性が人生を激変させるのを目の当たりにして確信していることがあります。

それは、何歳からでも、いつからでも人生は変えられるということ！

年齢＝彼氏いない歴、50代からの婚活、セカンドや不倫経験、男性へのトラウマ、8年以上出会いゼロ、3か月以上お付き合いが続かないなど、時には涙しながら悩みを打ち明けてくれた女性が、別人のようにモテて素敵な男性に愛され、幸せな人生へと変貌を遂げていく様子に数えきれないほど感動してきました。

「たった数か月で人生が変わっちゃいました、最高です！」

「モテるのが当たり前になる日がくるなんて、信じられないです」

「理想通りの彼ができるなんて、今までだったら考えられませんでした……！」

「彼ができて幸せだし、何よりも人生が楽しくなりました！」

そう微笑む彼女たちの共通点は、ひとつ。

「必ず人生を変える！」と決意して行動したこと。最高の人生は、最高の人生を望んだ人にだけ訪れます。

そしてそれこそが、自分史上最高の人生へのパスポートなのです。


本当の望みを認めることは、時に怖さを感じることもあるかもしれません。

でも、いつからでも、何歳からでもあなたの望む人生を手に入れることはできるのです。

必要なのは、勇気を出して本心から望みを描き、それを手に入れると決意すること。


今日からは、最高の人生があなたを待っています！

おわりに

常識を捨ててフルスイングで自分を生きる

この本を手にとって、最後まで読み進めてくださりありがとうございます。書いてある内容は、一般的な恋愛・婚活ノウハウとは違い、非常識なことも多かったかもしれません。でも、非常識なアプローチだからこそ、劇的な変化があると感じています。

そして、何よりも大切なことは「実践する」ということです。「知っている」のと実際に「できる」ことには大きな違いがあります。ここまでお付き合いくださったあなただからこそ、ぜひ実践して最高の幸せを手にしていただけたら、とっても嬉しいです！

世間の常識や他人の声は、あなたの素晴らしい人生はなんの関係もありません。

過去や常識をすべて捨て去って、軽やかにフルスイングで自分を生きましょう。

愛情と豊かさと幸せでいっぱいの毎日が、あなたを待っています。

自分を生きてより良い人生をアップデートさせていくことは、これからも続く、人生でもっとも楽しい挑戦のひとつです。私自身もハイスペ総研スタッフも、まだまだたくさんの望みを叶えていきますので、人生をよりよく生きる仲間としてご一緒しましょう。

出版するにあたり、編集担当として本の完成まで力強く導いてくださった大和出版の岡田様、岡田様とのご縁をつないでくれた日本実業出版社の中尾様、本書を世に出すチャンスをくださり本当にありがとうございました！

また、副所長として一緒にハイスペ総研を最高に楽しいプロジェクトにしてくれている柿添あいさん、講師の川岡康子さん、いつも支えてくれている敏腕スタッフの皆さま、改めて感謝の気持ちを伝えます。これからも、多くの女性の人生を変えていきましょう！

最後に、いつもホームとして支えてくれる家族と、どんな時も挑戦を応援してくれる婚約者に感謝を贈ります。いつもありがとう！

＊素敵な男性から最高に愛されるノウハウをもっと知りたい女性向けに、7日間の音声プログラムをプレゼントしています。こちらのＱＲコードからＬＩＮＥ＠に友達登録して受け取ってくださいね。（ＩＤ検索は@souken8）

（プレゼントは予告なく終了する場合があります）

吉沢詩乃

なぜ、彼女《かのじょ》ばかりが
ハイスペ男子《だんし》に選《えら》ばれるのか？
今度こそ、あなたの恋愛がうまくいくたった１つの方法

2019年12月31日　　初版発行

著　者……吉沢詩乃《よしざわしの》
発行者……大和謙二
発行所……株式会社大和出版
東京都文京区音羽1-26-11　〒112-0013
電話　営業部03-5978-8121／編集部03-5978-8131
http://www.daiwashuppan.com
印刷所／製本所……日経印刷株式会社
装幀者……白畠かおり

ISBN978-4-8047-0574-3